〈まちづくり権〉への挑戦

――日田市場外車券売場訴訟を追う――

木佐茂男編

信山社

序　文

本書は，2001年度の九州大学法学部学生による行政法の演習（ゼミ）のゼミ共同レポートをさらに検討して作成したものである。

内容は，大分県日田市が国（経済産業大臣）を相手方として行政訴訟という形をとって争っている現在進行中の裁判事件（いわゆる日田市訴訟）について，その主要な法的論点を取り上げて検討するものである。

今までほとんど言及されることのなかった「まちづくり権」という概念を中心に，憲法上の論点なども含めて論じたことから，今回，出版化のお薦めをいただき，ここに上梓することとなった。

本書で取り上げた事件は，やや複雑な構造になっている。福岡市に本社をもつ事業者が，別府市営の競輪場の場外車券売場を，同じ大分県内の日田市に設置するために，通産大臣（現，経済産業大臣）の許可を得たが，日田市は設置に対して同意をしておらず，設置許可を不服とする市民の声を代表して，日田市が国の許可の無効確認を求めて訴えている事件である。本書で詳論されるように，裁判の直接の当事者は，日田市対経済産業大臣であるが，実際の被告に相当するのは別府市および事業者ともいえるのである。

このゼミナールでは，ありきたりの机上論，たとえば争訟法理論，都市計画法，地方自治法，公営ギャンブルに関する法律を勉強するだけでなく，生の素材をもとにして，現地を見て，現場の事情を聴取して，法的な論点，将来を見据えた展望を議論するように努めた。

このゼミがスタートする直前に出訴されたばかりの事件をゼミで取り扱うことは，現役の学生にとっては大きすぎるテーマであったことは間違いない。しかし，この事件は，地方分権時代の自治体の将来，司法制度の将来を占う，大変貴重で希少な素材である。

この研究経過が，たまたま日田市弁護団の目にも触れることとなり，われわれは，これまで議論されたことのない「まちづくり権」という「地方自治の本旨」からも極めて重要と考えられる難しいテーマにも立ち入ることになった。

学生，院生たちは，原案・準備段階の訴状から，正式な訴状，おそらく初めて聞く言葉であろう「準備書面」，そして「鑑定書」など，次々と本物の訴訟で繰り広げられる素材に触れるとともに，日田市に足を運び，「まちづくり」の実態の中に事件を位置づけることで，司法制度の隘路，国の自治体に対する関与のあり方，法の矛盾，自治体の法的無防備などを体感していくことができたと思う。

ところで，今，思い起こしていることがある。それは，1998年秋に，拙著『人間の尊厳と司法権——西ドイツ司法改革に学ぶ』（日本評論社，1990年）を原作とした記録映画『日独裁判官物語』が製作された際に，その監修者としてドイツ全土を約１ヵ月間にわたって走り回り撮影した中にあるドイツ連邦行政裁判所での判決風景のひとこまである。連邦行政裁判所はベルリンに入る主要列車の発着駅であるツォー駅のすぐ近くにあり130年以上の歴史のある旧・プロイセン上級行政裁判所の建物であった（なお，この連邦行政裁判所は，2003年に，旧・東ドイツ地域にあるライプチッヒの旧・ドイツ帝国最高裁判所（Reichsgericht）に移転する)。この最高裁で，ある判決の言い渡しの場面を撮影した時の印象が鮮やかである。事案は，ある小さな町が，鉄道路線の変更か新設かの決定に際して，住民の生活が不便になる，町の計画に反するということで設置そのものを争っていたものである。最高裁の裁判長は，法廷で正面に座っているその町の女性の町長と，彼女自身が法律家であることなどについて，しばらく世間話をした後，判決言い渡しに入っていった。裁判長は，事件の経緯や両当事者の主張内容をすべて諳んじていて，口頭で傍聴に来ている町民たちにも分かりやすく約１時間かけて懇切丁寧に，判決内容を述べていった。その結論は，町側の一部勝訴であった。日本の法廷では考えられないようなアットホームな最高裁判決の言い渡し風景であるとともに，判決内容が小さな町の自治権を尊重するものであったことにも感銘を受けた。残念ながら，時間の関係で，上記の『日独裁判官物語』では，この場面は割愛されているが，今回の日田市の事件について，ドイツの裁判官であればどういった判断をするのかという点でも，深い関心を持たざるを得ない。

さて，繰り返しになるが，本書は，理論中心の法解釈学に偏りがちな法律学習を総合的なものにしてみようと考えての１つの試みである。ゼミでは，ほぼ毎年，何らかのやや大きなテーマの事件や課題をとりあげ，それについてゼミ生全体で１つの論文にすることに努めてきた。

多人数でゼミ共同論文を執筆するというスタイルをとるということは，全員が一定の流れとルールを守らなければならない。本書作成の裏には，ゼミ生たちが，討論を繰り返し，データや文献を検索し，皆で議論し，夜中まで原稿を書きあげたばかりでなく，メーリング・リストや電話で互いに連絡を取り合い，励まし合うプロセスがあって完成したものである。それは，ゼミ生が自主的に自律的に運営し，連帯責任によるさまざまな共同作業を通じて，人間的にも成長していったことが，全員の表情を見ていても感じ取れた。この１月以降に限って言えば，自宅でのパソコンによるアクセスや，深夜に及ぶ連絡作業などを計算すれば，ゼミは，週30時間くらい行われていたといっても過言ではない。

日田市訴訟は，いわゆる分権改革後の最初の「国と自治体との間の法的紛争」が，地方分権改革で設けられた国地方係争処理委員会を経由した事件ではなく，直接裁判所に登場したこと，そして，自治体が国を相手方として争う訴訟がほぼ数十年ぶりという諸外国では信じられない珍しい現象であったことも，学生や私の関心を助長させた。九州大学の比較的近くで発生し，その経過をある程度つぶさに見ることが出来たのは，学生，院生，そして私にとっても幸せであった。

この裁判が，今後の地方自治の確立にどのように寄与するかはいまだ予測できないが，「まちづくり権」をめぐる裁判の歴史的過程に関わることができ，それについて，十分とは言えないにせよ学説・判例・文献などで研究することができたことは，ゼミ生の今後の社会人としての生活にとっても少なからぬ意義をもつことと信じている。

なお，特筆すべきことがある。今年の学部ゼミ生は，全員が１回の欠席もない，出席皆勤であった。私の24年間の教員生活の中で，これは初めてのことと思う。今，４年生は大学を巣立ち，社会人となったが，彼らが簡易製本版において各自が書いた「あとがき」に残してくれた言葉のほとんどは，「最後の最後に，本当の大学生らしい勉強ができた」，「みんなに感謝したい」というものであった。3年生は次年度にもっと頑張りたいとの決意を表明し，社会人院生もその経験や感覚で研究全体に一定の尺度を与えるとともに，組織の中では言いにくい本音の熱い議論に関与し，分析する方法論も学んだ。これらの感激こそが，ゼミ論制作の作業から生まれた副次的成果であったと思う。

最後になったが，資料提供，インタビューや現地調査などにおいて日田市関係者，日田市弁護団を始め，多くの方々のお世話になった。本書末尾でお名前を掲載させていただいたが，心から感謝の意を表したい。また，学生のゼミ共同論文に異例の出版の途を開いていただいた信山社の渡辺左近氏のご厚意にも御礼申し上げたい。

2002（平成14）年4月

木佐茂男

はしがき

「あなたのまちの好きな場所と嫌いな場所はどこですか？」，「あなたのまちの美しいところと美観を損ねているところはどこですか？」

こう聞かれたとき，あなたはどのように答えますか。そして，どういう場所，場面を頭に浮かべるでしょうか。

この研究報告書は，大分県日田市で起こった別府競輪場外車券売場「サテライト日田」設置に関わる事件を追ったものです。この事件は，単なる施設建設の反対運動という枠を越え，国と自治体との紛争，自治体間の紛争，自治体の「まちづくり」のあり方など多くの問題を提示しています。それらは，地方自治，地方行政にとって，見過ごすことのできない本質的な問題でもあるのです。

それらの問題点の中で，最も注目すべきは，自治体のまちづくり活動は自治体の「権利」，「まちづくり権」の行使であるという日田市の主張です。

コミュニティーの再生，市街地の活性化，住環境の充実など，わが国の「まちづくり」は，さまざまな問題を抱えています。

「まちづくり権」というキーワードは，そんな日本の「まちづくり」を改めて問い直す重要なきっかけとなるものです。

本書は，その「まちづくり権」について，日田市訴訟の検討，地方自治制度，日田市の総合計画，国と自治体との紛争の観点から研究したものです。

なお，本書は，競輪事業あるいは公営競技の是非を論じるものではありません。この事件における最大の問題は，自転車競技法の規定が場外車券売場が設置される自治体の自主的なまちづくりを十分に考慮したものになっていないこと，そして，なぜそれが十分に考慮されてこなかったのかにあるのです。

「まちづくり権」は本訴訟で日田市が初めて主張した権利で，確かな拠りどころとなる判例，学説がない権利です。「まちづくり権」とは何か，というこの訴訟の最大のテーマについて，限られた時間とまさに暗中模索状態の中，完成の直前まで議論に議論を重ねました。その結実としてたどり着いた私たち独自の「まちづくり権」論は，現実に起こった事件について，その事実関係や訴訟における原告被告の主張の検討，現地調査，原告被告に分かれてのディベートなど現実，現場の視点から，さらには，行政法的観点からみた訴訟の問題ひいては地方自治，まちづくりのあり方など多岐多面にわたる検討によって積み上げられたものです。それは，机上の判例・学説の研究のみだけでは得ることのできない，生きた勉強であったといえます。

本書は，ゼミで一年間学習してきたこと，そして学生と社会人院生それぞれの持ち味を活かしたチームワークの結集です。また，このゼミで多くのことを学び，そしてそれをひとつの研究報告書としてまとめることができたのは木佐先生の熱心なご指導があったからに他なりません。ここに，お礼と感謝を述べたいと思います。

最後になりましたが，お忙しい中ヒアリングに快く応じてくださった日田市役所の職員の方々や地域の皆様，資料を提供してくださった日田市訴訟弁護団，自治体の方々，そしてこの報告書作成にあたってさまざまな協力をしてくださった皆様に対し，ゼミ生一同心より厚く御礼申し上げます。

2002（平成14）年４月

九州大学法学部
行政法演習（木佐茂男ゼミ）ゼミ生一同

目　次

第１章　「サテライト日田」事件とは

第２章　日田市場外車券売場事件訴訟を法的に分析する

第３章　「地方自治の本旨」を詰める

第４章　日田市総合計画の検討

第５章　自治体が国と争うことの意義と困難性

第6章　まとめに代えて――「まちづくり権」への挑戦

＜コラム一覧＞

凡　例

・日田市が経済産業大臣に対して提起した許可処分の無効確認および取消しを請求する訴訟を本書では，日田市場外車券売場事件訴訟，略して日田市訴訟と呼ぶ。

第１章　「サテライト日田」事件とは

序

「まちづくり」をめぐって一地方自治体が国を相手取って訴訟を起こすという，過去にも例のない事件「日田市場外車券売場事件」。第１章では事件の全体像をつかむため，まず，事件の主役である「日田市」，また別府競輪の場外車券売場「サテライト日田」について解説を加え（第１節～第２節），具体的な事件の経緯を示していきたい（第３節）。

第１節　日田市について

場外車券売場「サテライト日田」の設置をめぐって国を相手に訴訟を起こすことになった今回の事件の主役，日田市はどのようなまちなのだろうか。以下，日田市の概況を見ていくことにする。

日田市は大分県の西部，福岡県筑後地方に接しており，面積は269.21平方キロ，人口は62,750人（2001（平成13）年統計）である。市の周囲を1,000メートル級の山々に囲まれ，市の中心部を筑後川の上流「三隈川（みくまがわ）」が流れる，山紫水明，風光明媚な土地であり，「水郷日田」として知られていて，2000年度には国土庁から「水の郷百選」にも選ばれた[1]。

---

(1)　日田市役所ＨＰ（http://www.coara.or.jp/hitacity/）。

〔写真１〕 日田市の航空写真

このように水がきれいであるため，サッポロ・ビール，小久保製氷などの酒に関する企業が目立ち，地元の酒造会社と合わせて「ほろ酔いのまち」とも呼ばれている。2000(平成12)年３月にオープンしたサッポロ・ビール新九州工場においては年間150万人に迫る見学客を集め，日田市の観光面での飛躍に大きく寄与している(2)。

また，日田はかつて徳川幕府の直轄地として九州の政治と経済の中心であった天領であり，その経済力は，「日田金」として広く九州一円にも及び，これらの政治，経済力を背景に江戸や長崎等との交流も盛んで，日田独特の町人文化が華開き，今も町のいた

⑵ 日田市役所ＨＰ。

る所に当時の名残が散在している。電柱を埋設し，まち並みを保存された豆田町は年間約50万人の観光客を呼び込んでいる(3)。

こういった特色を持つ日田市であるが，日田市はどのようなまちづくりを目指しているのだろうか。詳細は第４章で扱うが，ここではまちづくりの枠組みを定める「総合計画」のうち，①基本理念，②将来都市像を示す(4)。

①　基本理念

経済的な豊かさと共に，豊かで多様な自然・風土や固有の歴史・文化・産業などを再認識し，これらの特色を最大限に生かすことによって地域への誇りと高い満足感が得られる暮らしを実現することを目指す。そのため，人と人，人と自然，人とまちなど，多様で豊かな関わり合いの中から，市民が真に誇りと愛着を持ち幸福を実感できるまちづくり，人間性あふれた市民生活の実現をはかるために，新しいまちづくりの基本理念を「自ら関わり，共に創るヒューマンシティ」と定める。

②　将来都市像

日田市は古くから水郷，山紫水明の地などと自然の豊かさ，美しさを賞賛され，また，天領の時代に育まれた独自の歴史・文化を有しており，さらに，これらを素地としたさまざまな産業，人情味のある風土など，都市としての生活利便や快適さと心豊かな生活環境を併せて享受できる要素を持っている。そこで，「人・まちの個性が輝き，響きあう共生都市」という将来都市像を設定する。

このように，日田市は豊かな自然，天領日田の時代に育まれた

(3)　日田市役所ＨＰ。西日本新聞2001（平成13）年２月９日。

(4)　第４次日田市総合計画。

〔写真２〕 日田市内を流れる都市水路

文化を尊重しつつ，住民にとって住みよいまちづくりを進めていこうとしていることが分かる。

第２節 「サテライト日田」設置計画について

第１節では日田市について，その特色・まちづくりへの姿勢を示した。ではこのようなまちに持ち上がった「サテライト日田」設置計画とはどのようなものだったのか。第２節では，「サテライト」と呼ばれる場外車券売場についての一般的説明も加えて，「サテライト日田」設置計画の概要を示していきたい。

第１項　サテライト（場外車券売場）とは

まず，「サテライト」という施設についての解説をする。

サテライト（場外車券売場の１形態）とは，遠方で行われている

〔写真３〕　サテライト宇佐（別府競輪ＨＰより）

競輪の車券を販売し，配当金を払い戻す施設である。そのほとんどの施設には大型スクリーンが設置され，観客は実際の競輪場以上の臨場感を体感できるような施設である。

〈コラム１〉　公営ギャンブルの場外券売場の種類

公営ギャンブルには，競馬，競輪，競艇，オートレースがある。実際に競技を行い，そこで発券，払戻しをする施設だけでなく，券の発売，払戻しのみを行う場外券売場がある。その中でも大型スクリーンで競技中継を行い，遠隔地でも競技を楽しめる施設が，競馬では「ウインズ」，競輪では「サテライト」などという名称で，競技場のない地域に設置されている。

具体的な設備について，例として日田市と同じ大分県の宇佐市にある，別府競輪の場外車券売場「サテライト宇佐」の設備を示す。「サテライト宇佐」は１階に216席（一般観覧席），２階に96席（特別観覧席）の観客席を持ち，立見席も合わせた収容人員は900

人である。車券の発売窓は1階に16窓，2階に5窓設置されており，払戻窓数は1階が3窓，2階が2窓となっている。前頁の写真は「サテライト宇佐」の外観である⑸。

サテライトの設置に際しては，自転車競技法4条⑹に「車券の発売又は第9条の規定による払戻金若しくは第9条の3の規定による返還金の交付（以下車券の発売等という。）の用に供する施設を競輪場外に設置しようとする者は，経済産業省令の定めるところにより，経済産業大臣の許可を受けなければならない。」とあるように，経済産業大臣の許可を受けなければならない。経済産業大臣に設置許可を申請するのは多くの場合，サテライトで車券を発売する競輪主催自治体ではなく，実際にサテライトを建設する建設会社等である。こういった建設会社等はサテライトを建設し，それを競輪主催自治体に賃貸することで収益をあげるのである。

なお，この条文には場外車券売場が設置される市町村の長や住民は登場していない。これについて，競輪場の設置・移転に関して定めた同法3条を参照すると，経済産業大臣は設置・移転許可をする前に「関係都道府県知事の意見を聞かなければならない」（第2項），都道府県知事が意見を述べる前に「公聴会を開いて利害関係人の意見を聞かなければならない」（第3項）と規定されているが，「関係都道府県知事」であれ，「利害関係人」であれ設置・移転許可に対する同意を必要としていない。

経済産業大臣の許可を受け，サテライトの設置・営業が可能となった場合，サテライトでの売上の行き先はどのようになるのだろうか。

⑸ 別府競輪ＨＰ（http://www.coara.or.jp/keirin/）。

⑹ 本書で引用される主な条文は本書資料編資料Ⅲに掲載している。

売上高の内訳は一般的に75％は当り車券の配当金となり，残り25％のうち，環境整備金としてサテライトが設置される自治体に支払われるのはわずか１％で，４％を建設会社に賃借料として支払い，残り20％から経費を差し引いた約11％が競輪主催自治体の収益となる[7]。

ここで注目すべきことは，競輪主催自治体が得る収益はどのようなことに使われるのかということだ。サテライトによる収益は競輪による収益と同様に扱われると考えられるが，それについては，競輪による収益の使い道について定めた自転車競技法11条に，「競輪施行者は，その行う競輪の収益をもって，自転車その他の機械の改良及び機械工業の合理化並びに社会福祉の増進，医療の普及，教育文化の発展，体育の振興そのほか住民の福祉の増進をはかるための施行を行うために必要な経費の財源に充てるよう努めるものとする」とあるように，競輪による収益は機械工業および公益事業の振興のために貢献しているのである。

第２項　「サテライト日田」設置計画の概要

次に，今回の事件の発端，「サテライト日田」設置計画の概要を記しておこう。

「サテライト日田」は福岡市に本社のある建設会社が日田市南友田の複合レジャー施設内に設置し，競輪施行者の別府市に賃貸する場外車券場である。施設内では別府市が発券設備を導入し，車券を発売する。なお，後述のように，建設会社はすでに経済産業大臣から「サテライト日田」の設置許可を受けている[8]。

⑺　日田市訴状６頁。

⑻　本書第２章第１節〈図〉４者関係参照。

〔写真４〕 建設現場予定地（木佐撮影）

年間の発売日数は約144日でその内訳は別府競輪が72日，その他の競輪場の「他場特別レース」と呼ばれるものが72日である。別府市ではその144日のうち１日あたりの入場者を約400人，売上高を1000万円，年間で17億2800万円の売上を見込んでいる。前述の売上高の内訳から算出すると，１年間に「サテライト日田」の収益として別府市に入る金額は約１億9000万円，対して日田市に支払われる環境整備金は約1700万円である[9]。

設備については床面積2400平方メートル，３階建で１階150席，２階112席に加えてその数倍の立見席を設置することが予定されており，他の多くのサテライト同様，大型スクリーンによる競輪の実況中継も行われる。規模としては，観客席数から見て，前述の「サテライト宇佐」と同規模の施設になることが予想される[10]。

---

(9) 日田市訴状６頁。

なぜ別府市はサテライトを設置しようとするのか。それには以下のような理由がある。

別府市では，観光客数が1999（平成11）年には年間約1167万人と，最盛期である1976（昭和51）年よりも150万人も減少し，観光税収が伸び悩んでいて，別府競輪も92年度に最高の約372億円を売り上げたがレジャーの多様化などで99年度には売上げが約160億円にまで落ち込んだ。その中でサテライトの設置により，競輪事業の長期低落傾向に歯止めをかけようとしているのである[11]。こうした状況下において，自治体が場外車券売場を作ろうとする動きは，収益の観点から自然なことといえるかもしれない。

〈コラム２〉 公営ギャンブルの斜陽化

公営ギャンブルのどれもが90年代以降，経営悪化に直面している。全国の公営ギャンブル全体の売り上げは91年にピークを迎えた後，98年度には３割減少しており，必要経費などを除いた自治体の収入が０となっているところが全体の３分の１ほど発生している。さらに10分の１ほどは赤字に転落しており，税金で補填を行っている。そのような事態の打開策として場外券売場の設置が進められ，期待されているのが現状である。

このような施設「サテライト日田」の設置計画に日田市が「待った」をかけたことで今回の事件は起こったのであるが，日田市の主張する「サテライト日田」設置反対理由を，①地域経済への影響について，②周辺地域への影響について，③周辺の交通に与え

⑽ 日田市訴状５頁。

⑾ 『市報べっぷ』2000（平成12）年11月号。

る影響について，④日田市のまちづくりに与える影響について，の4つに分けて記してみよう[12]。

日田市は，まず，①地域経済に与える影響について，賭博の施設であるサテライトの建設が，人々の勤労意欲を著しく減退させる，あるいは日田市の地域経済に否定的な影響を与えるといったかたちで，地域経済の発展を阻む。そうなると，日田市の財政にも危機がもたらされることが懸念される，と主張している。

次に，②周辺地域に与える影響について，車券が当たって配当金を得た者が繁華街等に繰り出したり，逆にはずれて帰路に着いたりする人々による俗に言う「おけら街道」が出現し，周辺地域に享楽的・頽廃的傾向が蔓延することや，周囲2キロ圏内に7つの学校があり，その一部では通学路が予定地の前を通っていることを考えると，青少年に対する悪影響が危惧される，と主張している。

また，③周辺の交通に与える影響について，駐車場からあふれた入場者の車両が周辺路上に氾濫し，あるいは公私の駐車場を占拠することが懸念される。また，特に入場者の増加が見込まれる土曜日・日曜日・祝日等には，特に競輪の開催時刻の前後において深刻な交通渋滞が起こることは必至であり，周辺地域の環境・交通条件が害される。

最後に，④日田市のまちづくりに与える影響について，サテライトの存在自体が日田市の推進する人と人，人と自然，人と文化が調和し，響き合う共生社会を目指したまちづくりとは相容れないものであり，これが設置されることによって，住民自治を貫いて決定してきた日田市まちづくり計画の推進は完全に不可能に

---

(12) 日田市訴状6頁。

なってしまう，と主張している。

このように，日田市はサテライトの建設が周辺の環境に悪影響を与え，ひいては，地域経済に危機をもたらし，結果的に日田市のまちづくり計画の推進を妨げる，として「サテライト日田設置計画に反対しているのである。ここで一言添えておきたいのは，パチンコと競輪の関係についてである。賭け事である点は同じである。しかし，掛け金という点で後者には制限がない。いくらでも掛けられるのであるから，勝てばその分，利益は大きいが，負ければ大変な損失となる。ギャンブルは射幸心を掻き立てるものであり，そのため刑法上，違法とされているのである。だが，その違法性を阻却することができるのは，国が地元の同意を得て，なおかつ，ギャンブルでの収益を公的事業の振興に役立てるという条件をクリアしているからである。本事件で大きな問題となるのは，自転車競技法が地元の同意を必須条件としていないことである。

第3節　事件の流れを追う

第1節，第2節で考察した日田市の概況や「サテライト日田」設置計画の概況を踏まえたうえで，この節では，日田市場外車券売場事件がどのような経緯をたどったのか，具体的に追っていきたい。

第1項　「サテライト日田」設置許可処分前の動き

1993（平成5）年，大分県知事が建設会社に開発行為を許可した。その時点からすぐに開発されることなく3年が経過した。1996（平成8）年，建設会社は建設予定地周辺（日田市）の4自治会長から設置同意書を取り付ける。このとき自治会長がサテライトをどのような施設と認識していたかは不明である。それを知った日田商工会議所などに代表される市内15団体がサテライト日田設置反対連絡会を結成し反対運動を起こす。続いて市議会や，市長も「サテライト日田」の設置に反対を表明していく。ここから日田市場外車券売場事件が動き出す。

1997（平成９）年１月13日，日田市は通商産業省[13]に設置反対の要望書を市長名で提出する。それは「本市では『歴史・文化，自然を生かし，地域性を尊重した豊かでゆとりある人間性溢れた市民生活を構築するヒューマンシティ』をまちづくりの基本理念に，将来都市像『活力あふれ，文化・教養の香り高いアメニティ都市』を掲げまちづくりを進めて」いること，「当該施設は，本市のまちづくりの基本的な方向やイメージ等から本市にふさわしい施設とは到底考えられない」こと，市議会も市内15団体も強く場外車券売場設置に反対していることなどを主張し場外車券売場設置について不許可とするように求めるものであった[14]。その約50日後，建設会社に場外車券売場の建築確認が通知される。これを受け，建設会社は場外車券売場の設置許可申請書を九州通産局に提出する。日田市民の反対の声が上がる中，日田市長をはじめ教育委員会や日田市陳情団12名は，競輪の車券発行を行う当事者である別府市や通商産業省に設置反対の陳情を申し入れる。その内容は，一般的に公営競技の車券・馬券・舟券売場の設置は，青少年にとって『射幸心』を煽ったり『非行』の温床になることなど，青少年の健全な育成を目指す社会教育や学校教育からして好まし

(13) 中央省庁再編後，経済産業省に名称変更。

(14) 訴状12頁。

〔写真５〕　反対運動の市民決起集会

い施設とはいえないというものであった[15]。またサテライト日田設置反対連絡会に２つの住民団体が加わり17団体となり，市民の反対運動の方も活性化していく。設置反対連絡会は，「場外車券売り場の設置は，日田市が目指す“文化・教養の香り高い都市”の理念とは，相反する異質の施設」であり，「生活の基本となる最も重要な勤労意欲の減退を促すことも少なからず危惧されるだけではなく，青少年の健全育成の観点からも，決して好ましいものではな」いと主張して場外車券売場設置反対決議を上げ，日田市長に決議書を提出した[16]。日田市挙げての反対運動が高まる中，1996（平成８）年10月30日，建設会社に提出した４自治会の設置の同意書の撤回が認められる。日田市はこれを建設会社と九州通産

⑮　訴状13頁。
⑯　訴状11頁。

局に知らせる。この後，サテライト計画を一時凍結して日田市と別府市で協議することを国は提案する。これを受け，1997（平成９）年12月２日，別府市が建設計画を一次凍結する旨が九州通産局から日田市に連絡される(17)。

1998（平成10）年に入っても，日田市は引き続き，別府市や国（通産省）と協議を行ったが，別府市の日田進出のスタンスは変わらず，日田市も断固反対する。1999（平成11）年，サテライト日田の設置を進める通産局・別府市・建設会社に対し，日田市は設置を断固として反対するという，対立構造になっていく。通産省は「当省といたしましても今後の競輪事業の円滑な運営のためにも，設置地域住民の理解取得及び久留米市との商圏調整についての合意形成が好ましいと考えている」(18)とし，建設会社に設置許可がなされた場合の意思確認を別府市に求めた。それを受け別府市は，「日田市，日田市議会及び地元住民に対する地域社会の調整については，設置者である建設会社の責務であると考えていますので，設置者に対して今後とも地域住民の理解取得をするよう要請します」(19)と述べ，建設会社は「発券するのは別府市である」と主張し，３者が相互に責任転嫁する。このような状況の下で，国や別府市と日田市との協議が引き続き行われた。

第２項　「サテライト日田」設置許可処分後の動き

そのような中，2000（平成12）年６月７日，通産大臣から建設会

---

(17)　西新宿競輪施設誘致反対の会「『サテライト日田』経過について」(http://www.seg.co.jp/hanshaken/zenkoku/hita/hita_keii.htm)。

(18)　訴状14～15頁。

(19)　訴状15頁。

社に設置許可が下りる。すぐさま，日田市長は別府市に赴き，車券の発行をやめてもらいたいと要求するも別府市長はこれに応じなかった。ここで日田市の議会や市民の反対運動はさらに強いものとなっていく。議会は６月27日，「日田市公営競技の場外車券売場設置・発券を規制する条例」を制定し，市長の同意なしには場外車券売場の設置やそこでの発券ができないようにした。この条例を制定・施行することにより，今後のサテライトの設置を阻止するだけでなく，裁判になった際の訴訟費用を市で負担するという議会からのバックアップが暗黙の了解として約束され，さらに，サテライト日田計画を推進する別府市長の姿勢に「待った」をかける形となった。ここで日田市長は，「既に許可処分が下りていても，発券者である別府市も地元の同意が必要ない，とはしておらず，この条例で設置を阻止できると確信している」と述べた[20]。これに対し，別府市長は「自転車競技法による設置許可に対して，事実上これを制約することになる日田市の条例についてはその内容に疑義をいだいています。市としては，今後設置者が日田市当局と関係住民に理解を得て，サテライト日田の円滑な設置に向けて，手続きを進められると考えています」とコメントした。また市民の活動として，2000（平成12）年８月７日，「絶対反対！サテライト日田」のたすきをかけた連絡会のメンバー22人が，日田市の総人口の80％にあたる５万人にのぼるサテライトの反対署名を別府市長と別府市議会に提出した。この署名は，17団体で構成されるサテライト日田設置反対連絡会が以前から行ってきた署名活動の結果として得られたものである[21]。

⒇　大分合同新聞2000（平成12）年６月28日。

(21)　大分合同新聞2000（平成12）年８月８日。

〔写真6〕 反対運動の広がりを示す車券販売中止を求める署名の山

その後，『別府市報』2000年11月号の別府競輪特集で，「日田市は許可が下りる前から反対してはいない」と掲載される事件が生じた。別府市の見解では，サテライト日田についての日田市の反対運動は許可処分後はじめてなされたものであることになる。それに対し，日田市は事実と異なるので，その訂正とそのように掲載するに至った経緯の説明を要求した。しかし，その回答がないため，日田市は2000（平成12）年11月29日，『別府市報』12月号に訂正記事が掲載されなければ，別府市を名誉毀損で訴えると表明する。さらに，日田市の反対運動は熱を帯びていく。2000（平成12）年12月9日，日田市長・日田市議員・商工会・市民の総勢約370人が別府市でサテライト反対のデモ行進を行う。「日田の街にギャンブルはいらない」などとシュプレヒコールを繰り返し，チラシを配布して，サテライト日田の設置が，日田市が進めようとしている「まちづくり」の大きな障害となることを別府市民に訴えかけ，設置反対に理解と協力を求めた。反対運動に賛同する別府市民約100人もデモに合流し，発券計画を推進する別府市当局の対応を非難した。「サテライト日田を強行する市長に腹が立つ会」に代表される別府市民の反対運動では，そのビラに，「どうして，いやがっているのに強行するのか」，「ギャンブルに頼るのではなく，温泉・豊かな自然・歴史や文化を大切にしたまちづくりを，という声は日田も別府も共通の願いのはずです」等と書かれており，別府市内でも別府市長に対する批判がひろがってきた[22]。デモの甲斐あってか，別府市のサテライト日田の建設予算が12月18日に継続審議として見送られることになった。さらに，別府の市民団体である「サテライト日田設置を強行する別府市長に腹が立つ会」の会員が別府市役所を訪れ，サテライト設置の断念と日田市への謝罪を申し入れるということも起きた。

そのような中，2001(平成13)年１月７日，ＴＢＳでサテライト問題が取り上げられ全国放映される。サテライト日田の事件がどの自治体にでも起こりうる問題として全国で注目されることとなり，番組内で司会者は「国の行った許可処分は地方分権を掲げる時代に逆行するものではないか」と締めくくった。日田市は『別府市報』11月号の訂正を求めていたが，依然として別府市からの何ら回答が得られないので，ついに日田市は市議会一致で『別府市報』問題について名誉毀損問題で提訴する案を可決し，その旨を別府市に直訴状として報告する[23]。その後，別府市は初めてサテライト日田の説明会を日田市民に開くが論議は平行線をたどり開始早々に決裂する。この会に出席した日田市長が「日田市はサ

---

(22)　西日本新聞2000（平成12）年12月10日。

(23)　大分合同新聞2001（平成13）年２月６日。

テライト設置に断固反対だ」という意志を貫く一方，別府市も「何とか設置できないか」と日田市民に理解を求めるという形で，両者の意見は相容れないものであった。だがこの頃には，日田市挙げての反対運動にも効果が現れ始めた。2001（平成13）年２月８日，別府市議会ではサテライト日田の関連予算案が否決されるという結果になった。当初，市議会の最大会派である自民党会派が賛成することにより，補正予算案は可決されると思われたが，事前の申し合わせに反し，自民党会派の３名が反対にまわり，賛成13，反対17，棄権１で否決されたのである。与党である自民党のなかでこの予算案に反対した３名の市議は，「日田市民があれだけ反対しているのに，さっさと決めるのは問題だ」，「日田市民の理解が得られない現状では，撤退したほうが別府のためにもよい」と述べた。地方公共団体の議会においてめったにない「逆転劇」として新聞やニュースで取り沙汰された。そのため，サテライト日田設置計画は，一応頓挫した格好となり，再検討を強いられることとなった。ここで日田市長は，「予算案が否決されても，依然として，許可処分は撤回されてない」と述べ，日田市は本件許可に対し無効確認および取消しを求める訴訟を提起する意思を日田市が発行する『広報ひた』（号外）で市民に知らせる。そして2001（平成13）年３月19日，経済産業大臣を相手取り設置許可の無効確認および取消しを請求する訴訟を大分地裁に提起した。日田市側は，６人の弁護団を編成し，この訴訟に臨んだ。設置許可を受けたのは建設会社であり，日田市に原告としての適格性があるかが争点の１つになるが，弁護士は「日田市が原告になりえないのなら，どこで救済されるのか。趣旨をうけとめてもらえると思うので心配はない」と断言した(24)。一方，経済産業省は，日田市が訴訟を提起したことに対して，本件許可処分を行うに当たって「地元の理解を得るための努力も十分にやったし，かつまた，法令に基づいて慎重な議論をし」た上で判断したとコメントしており，本件処分には何ら瑕疵はないと考えているようである(25)。2002（平成14）年5月現在，経済産業大臣に対する設置許可無効確認訴訟の口頭弁論は6度行われており，係争中である。

〈コラム3〉　自治体に名誉はあるのか

そもそも個人には，個人の尊重の理念（憲法13条）から，人格的利益のひとつとして名誉権が保障されている。名誉とは，社会から受ける客観的な評価をいい，人格をもたない法人やその他の団体も社会的評価を受けるので，名誉権があるとされている。自治体も法人であり（地方自治法2条1項），社会的評価を受ける団体であるから，自治体にも名誉権があり，それが侵害されたときには，その責任を追及することができるのである。

≪参考サイト≫

・経済産業省「次官会議後記者会見の概要2001（平成13）年3月19日」（http://www.meti.go.jp/speeches/data_ej/ej010319j.html）
・西新宿競輪施設誘致反対の会「『サテライト日田』経過について」（http://www.seg.co.jp/hanshaken/zenkoku/hita/hita_keii.htm）
・日田市役所ＨＰ（http://www.coara.or.jp/hitacity）
・別府競輪ＨＰ（http://www.coara.or.jp/keirin/）
・森捻樹「サテライト日田（別府競輪の場外車券売場）建設問題」（http://www.h2.dion.ne.jp/~kraft/satellite00a.htm）

---

(24)　西日本新聞2001（平成13）年3月20日。
(25)　経済産業省「次官会議後記者会見の概要2001（平成13）年3月19日」（http://www.meti.go.jp/speeches/data_ej/ej010319j.html）。

第２章　日田市場外車券売場事件訴訟を法的に分析する

序

本章では，まず日田市訴訟における争点について原告，被告両者の主張をまとめ，それに対して考察を加える。そして，そこから本訴訟の論点を明らかにしていく。

第１節　日田市場外車券売場事件訴訟とは

この日田市の場外車券売場問題に関わる日田市，経済産業大臣（当時，通商産業大臣。以下同じ），建設会社，別府市という４者の関係は下図の通りになっている。第１章で詳述したように日田市は場外車券売場の設置許可処分は同市の「まちづくり」と，そして「まちづくり権」を侵害するなどとして，経済産業大臣を相手に本件処分について主位的にその無効確認を請求し，予備的にその取消しを請求する訴訟を提起したのである[1]。

第１項　日田市の主張

日田市は訴状において本件許可処分について以下のように主張

(1)　既述のように，2001（平成13）年１月の中央省庁再編により本件処分は通産大臣であったが被告は経済産業大臣とされた。

している。

〈コラム1〉　主位的な無効確認請求と予備的な取消請求？

行政事件訴訟法は，大別して4つの訴訟類型（抗告訴訟・当事者訴訟・民衆訴訟・機関訴訟）を定めている。そのなかでも抗告訴訟の1種である取消訴訟を行うことが原則である。この取消訴訟の出訴期間は本来3ヵ月（14条）であり，これを過ぎると争うことが不可能となる。しかし，重大明白な瑕疵がある場合は，例外として同じ抗告訴訟である無効確認訴訟が認められ，これには出訴期間はない。

〈図〉 4者関係

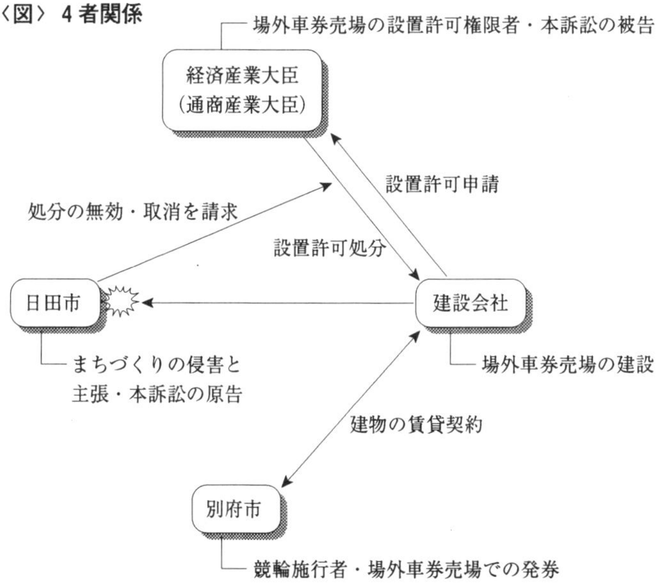

まず，処分の根拠法規である自転車競技法に関してその違憲性

を訴える。自転車競技法では，まちづくりの重要な要素といえる場外車券売場の設置は，設置希望者の申請と経済産業大臣の許可のみにかかっており設置される市町村の同意を必要としない。それは違憲，違法であるし，地方自治体の自治権，自己決定権そして環境保護・経済発展の利益に対する侵害となるとする。さらに自転車競技法４条は憲法92条の地方自治の本旨に反し違憲であるとも主張する[(2)]。

また，自転車競技法が刑法の趣旨に反するとも主張する。設置の判断をなしうるのは実施自治体ではなく，設置予定地域の自治体であり，設置予定地域について責任を負う自治体の同意なくしてギャンブルの違法性は阻却されないと解すべきで，場外車券売場の設置許可に設置予定地域の自治体の同意を要件としない自転車競技法４条は刑法の趣旨に反して違法であり，本件許可によって設置される場外車券売場における車券の発売等は賭博罪等で処罰すべきで，犯罪のための施設を許可した本件処分は違法であると主張する[(3)]。

そして，処分には，経済産業大臣の権限濫用があるとも言う。自転車競技法が定める経済産業大臣の許可権限について，経済産業大臣は許可について裁量があり不適当と認める場合には許可を与えないことができ，場外車券売場設置予定地の自治体の利益を考慮して許可を与える趣旨の自転車競技法施行規則４条の３第１項第４号によって，経済産業大臣の権限は制約されるとする。また，同号の趣旨によれば，経済産業大臣は，自治体（地域住民）が被ることになる不利益について，意見聴取し，その判断を尊重し

⑵　訴状20〜28頁の要約。

⑶　訴状28〜36頁の要約。

て許可処分をなすべきことが求められているとし，本件許可処分には通商産業大臣の法が与えた権限の濫用があり，違法であるとする。そして，自治体の意思に反して許可処分がなされれば，憲法が保障する自治体の自治権能が侵害されることになるが，経済産業大臣は憲法99条より憲法遵守義務のある公務員であるから，場外車券売場の設置される自治体が受け入れられない意向である場合には許可処分はしてはならないと訴える(4)。

以上から，本件処分は重大かつ明白な瑕疵があり，本件処分は無効であり，そうでないにしても取り消すべきであると主張する。

第2項　日田市訴訟で争われていること

日田市は第1項で説明したように主位的に場外車券売場設置許可処分の無効確認を請求し，予備的に処分の取消しを請求する訴訟を提起するに至ったが，行政法学上，前者は無効確認訴訟，後者は取消訴訟にそれぞれ分類される。

行政事件訴訟法は取消訴訟を提起するための主要な要件として，①行政処分が対象であること(5)，②原告適格(6)があること，③訴えの客観的利益(7)があること，④被告適格があること(8)，⑤裁判管轄(9)，⑥出訴期間の制限，⑦不服申立てを前置する旨の規定が

⑷　訴状36～39頁の要約。

⑸　本件では設置許可処分が争われていることは明らかであるから争点とはなっていない。

⑹　原告の当該訴訟を提起する資格を指す。

⑺　狭義の訴えの利益ともいう。原告の救済が実現できる状況にあるかどうかの判断である。本件では救済が実現できることは明らかである。

⑻　被告の大臣名が処分時から出訴時に変わった事情についてはすでに反復して言及した。

あるときは不服申立てを経たこと[10]を挙げている。無効確認訴訟は出訴期間の制限，不服申立ての前置が不要であるが，行政事件訴訟法36条は，無効確認訴訟を提起することができる条件について，立法史と学説では異論もあるが「当該処分又は裁決に続く処分により損害を受けるおそれのある」場合と「当該処分若しくは裁決の存否又はその効力の有無を前提とする現在の法律関係の訴えによって目的を達することができない」場合に限っている。

これらの訴訟要件のうち本訴訟においては，原告適格と出訴期間についてまず争われている。以下では，この２要件に関する原告，被告両者の主張について述べていくことにする。

⑴　原 告 適 格

行政事件訴訟法９条は，原告適格について「処分の取消しの訴え及び裁決の取消しの訴えは，当該処分又は裁決の取消しを求めるにつき法律上の利益を有する者（処分又は裁決の効果が期間の経過その他の理由によりなくなつた後においてもなお処分又は裁決の取消しによつて回復すべき法律上の利益を有する者を含む。）に限り，提起することができる」と規定している。

この規定に関して原告適格が認められる者の範囲つまり「法律上の利益」の解釈をめぐって学説は対立しているが，「法律上保護された利益説（法律上保護されている利益説）」が通説となっている。通説は原告適格の範囲につき，当該被侵害利益を処分の根拠法規

⑼　行政事件訴訟法12条によれば，不動産または特定の場所に関わる処分・裁決についての訴訟は，その不動産または特定の場所の所在地の裁判所にも提起することができるとされているため本件では大分地裁に訴訟が提起された。

⑽　本件処分の根拠法規である自転車競技法には不服申立前置を経る旨の規定はない。

が保護しているかどうかで判断しようとするのである[(11)(12)]。

判例の多数もこの「法律上保護された利益説」を採用している。「法律上保護された利益説」は公衆浴場距離制限訴訟（最判昭37(1962)年１月19日民集16巻１号57頁）において初めて採用されたが，主婦連ジュース訴訟（最判昭53（1978）年３月14日民集32巻２号211頁）において，以下のように判示し，「法律上保護された利益説」をより明確に提示した。すなわち，「行政庁の処分に対し不服申立をすることができる者は，法律に特別の定めがない限り，当該処分により自己の権利若しくは法律上保護された利益を侵害され又は必然的に侵害されるおそれがあり，その取消等によつてこれを回復すべき法律上の利益をもつ者に限られるべきであ」ると述べ，「法律上保護された利益説」を定式化した。さらに，同訴訟では「法律上保護された利益」の内容について「行政法規が私人等権利主体の個人的利益を保護することを目的として行政権の行使に制約を課していることにより保障されている利益であつて，それは，行政法規が他の目的，特に公益の実現を目的として行政権の行使に制約を課している結果たまたま一定の者が受けることとなる反射的利益とは区別されるべきものである」と判示した。後の判例の多くはこの主婦連ジュース訴訟判決を判断の基礎として採用することとなる。

その後，裁判所は行政事件訴訟法９条の「法律」を厳格に解すると，原告適格は，認められにくくなり不当な結果を生むという

---

(11)　有力説として「法的な保護に値する利益説（法律上保護に値する利益説)」も主張されている。同説は原告の利益が法律によって保護されたものに限定されず，事実上の利益でも足りるとする。

(12)　塩野宏『行政法Ⅱ〔第２版〕』(有斐閣，1994年）96～106頁参照。

批判から，「法律上の利益」について緩やかに解するようになった。長沼ナイキ訴訟（最判昭57（1982）年９月９日民集36巻９号1697頁）では，「法律」の解釈について，当該処分について定める法律全体とし，伊達火力発電所訴訟（最判昭60（1985）年12月17日判例時報1179号56頁）においては，原告適格が法律の明文の規定に加えて法律の合理的解釈からも導かれることが認められた。そして，新潟空港訴訟（最判平元（1989）年２月17日民集43巻２号56頁）では，「法律」を関連法規まで含めて原告適格を判断するとした。さらに，もんじゅ原発訴訟（最判平４（1992）年９月22日民集46巻６号571頁）においては，根拠法規によって保護される法益の内容・性質をも「法律上の利益」の解釈をする上で考慮することが認められた[13]。

原告適格を巡る学説，判例の状況は以上のようになっているが，原告である日田市は，原告適格が認められることの根拠として，原告が負わされる受忍義務，まちづくり権，手続的参加権，自転車競技法の目的の解釈，関連法規の関連規定について主張する。従来の学説，判例からすると処分の根拠法規である自転車競技法の目的，少し柔軟に解して関連法規の関連規定などについて判断し，原告適格があるかを決することになるが，本件の場合，これまでの通説，判例を形式的・機械的にそのまま当てはめると，原告適格を認めることが難しい[14]。したがって，原告は，自転車競技法の目的，その関連法規の解釈だけではなく，原告が負わされる受忍義務，まちづくり権，手続的参加権から原告適格を主張するのである。

⒀　芝池義一『行政救済法講義〔第２版〕』（有斐閣，2000年）36～48頁参照。

⒁　本書第１節第２項⑴④で詳しく述べる。

① 原告が負わされる受忍義務について

〈原告（日田市）の主張〉

本件許可処分によって，場外車券売場の設置，予定しない行政権能の行使,「まちづくり」の権能の行使に関して受忍義務を負わされることになるから，原告の「法律上の利益」を侵害すると主張する。すなわち，場外車券売場の設置に関して，場外車券売場が設置される自治体は自らが決定していないにもかかわらず自ら公営ギャンブルを設置したに等しい衛生，風紀，安全，教育等に関する受忍義務を負い，また，場外車券売場ができることによって生ずる衛生，風紀，安全，教育等の問題に対する行政措置を講ずる受忍義務を負う。さらに，日田市の行っている「まちづくり」に対して決定的な打撃を与えるとも主張し,「法律上の利益」を侵害することになると結論づける(15)。

〈被告（経済産業大臣）の主張〉

原告の主張が行政事件訴訟法９条の「法律上の利益を有する者」,「法律上保護された利益」の解釈とは無関係に原告適格を基礎づけるものとして主張されているのならば，行政事件訴訟法９条を無視するものであり，現行法の解釈として成立しないとする。そうでないにしても，本件許可処分は，建設会社に対し，場外車券売場の設置に関する一般的な禁止を解除するとの法的効果を有するにとどまるもので，場外車券売場の設置，予定しない行政権能の行使,「まちづくり」の権能の行使に関して受忍義務を課すものではないとして，これを根拠に「法律上の利益」を侵害するという原告の主張を否定する(16)。

---

(15) 原告準備書面（第１）８～10頁の要約。

(16) 被告第３準備書面３～４頁の要約。

〈考察〉

受忍義務を課せられるから原告適格があるとすることを行政事件訴訟法の従来の解釈のみから直ちに導き出すのは難しいとの異論もあろう。しかし，場外馬券売場に関する事件であるが同じ公営ギャンブルの場外施設で多数の未成年者が馬券を購入し補導される事件が現実に起こっており⒄，日田市に設置が予定されている場外車券売場に接する国道386号は片側一車線で一度に車が集まると渋滞が深刻化することが予想され，場外車券売場の設置によって青少年への悪影響や渋滞など何らかの影響を原告が受けることは想像に難くない。それに対して原告は措置を講じなければならなくなるのである。被告のなした処分が直接的に原告に受忍義務を課すことはないにしても，間接的に原告の主張するような受忍義務を課されることになる事態は十分に予測できる。

ただ，原告は競輪の悪影響の例として立川競輪による周囲の環境等への影響をあげているが，立証には一工夫を要するであろう。ただ，現に最近の場外車券売場は大型スクリーンが設置されるなど競輪場と同様の機能を有してもおり，同じような車券売場による悪影響を挙げることによって本件場外車券売場が設置された場合に被害が発生する高度の蓋然性が生ずることは確かであろう(この点について，本書138頁参照)。

〈コラム2〉　受忍義務——民法との違い

民法上にいう受忍義務とは，社会通念上我慢の限度を超えないと判断される場合に，ある程度の不利益は認容すべきであることをいう。特に騒音などの生活妨害の事例で問題となる。本訴訟で

⒄　朝日新聞1991（平成3）年9月10日。

は，場外車券売場設置によって，日田市が自治体として通常行うしごと以上の負担を受ける義務を認容しなければならない，という意で受忍義務という表現を使っている。

② 「まちづくり権」について

〈原告（日田市）の主張〉

原告は以下のように憲法，地方自治法等の規定に由来する「まちづくり権」という新しい権利を主張し，本件処分の無効，取消しを訴える原告適格があるとする。

地方自治体は憲法に保障される地方自治の本旨に由来する自治体固有の権能に基づき，行政施策の決定・遂行，自治事務処理の基本規範である総合計画を策定するが，自治体にはこのように固有の権能に基づいて「まちづくり」の方向を決定し，各分野における自治事務の処理を通じてこれを実行する権能つまり,「まちづくり権」と総称できる権能があると主張する(18)。

具体的には，地方自治体の自治事務に関する公安（＝生活安全)・公衆衛生・道路・環境保全上の権能，教育・福祉・人権・産業・快適な住環境等をつくる権能を挙げ，これらを総体として「まちづくり権」として法的に保護すべきものであるという(19)。

そして，地方自治法は国に自治の枠組みを尊重し，侵害しないよう義務づけているとする。すなわち，地方自治法１条の２第２項において国は自治体との間で適切に役割分担し，施策の実施にあたっては自治体の自主性及び自立性が十分に発揮されるようにしなければならないと定め，２条11項，12項では自治体に関する

(18) 原告準備書面（第１）18頁の要約。

(19) 原告準備書面（第１）16頁の要約。

法令の定めや法令の解釈・運用は，地方自治の本旨に基づいて，かつ国と自治体との適切な役割分担をふまえたものでなければならないと規定し，同条13項では国は自治体が地域の特性に応じて自治事務を処理することができるよう，特に配慮しなければならないと義務づけているとする[20]。

これらの定めは，総合計画に基づく日田市の「まちづくり権」が，憲法に保障された地方自治の本旨に基づいて自治体固有の権限として遂行されるものであることを示し，国は「まちづくり」計画に基づく自治体の権限行使を尊重し，侵害してはならないことを定めるものであると主張する。また，自治体に関する法令やその解釈・運用は地方自治の本旨に基づかなければならないと定めていることは，国の立法，解釈適用にも憲法上の限界があることを示しているとする。これより，自治体に一定の事務を義務付けたり，自治体の事務の処理方法に関する定めをなす場合でも，憲法上の限界を超えるものについては違憲・無効であるといえ，日田市総合計画に象徴される「まちづくり権」は，地方自治の本旨の核心をなすものとして，国の立法及び解釈・運用において，侵害することのできない自治の領域を画するものであるとする[21]。

本件許可処分は，日田市に，ギャンブル場に等しい場外車券売場の設置受忍義務を課し，設置された場合，総合計画では予定していない一定の自治事務を処理する義務を課す。さらに，総合計画に定めた「まちづくり権」の行使と実現を阻む。このような意味で，本件許可処分は「まちづくり権」の根幹を破壊するものであるといえると主張する[22]。

---

(20)　原告準備書面（第１）18頁の要約。

(21)　原告準備書面（第１）19頁の要約。

以上より，場外車券売場が設置されることによって，原告は自治体として有する最も基本的な固有の権能である「まちづくり権」を剥奪されたに等しい結果を余儀なくされることになると結論づける[23]。

また，ここで本件処分の根拠法規である自転車競技法についても触れ，同法は公営ギャンブルを営むかどうかの決定権限を自治体のものとしているが，自治体の財政と住民福祉のあり方は自治体自身が決めるべきだという趣旨も含み，自転車競技法が未成年者に対する車券の販売を禁止し，場外車券売場が設置される周辺地域の教育・衛生・安全等の保持を設置基準に盛り込んでいることは，設置される自治体の「まちづくり権」に象徴される法律上の利益を保護することを内容とするものというべきであるとする[24]。

地方自治体の自主権ないし自治権[25]については以下のように主張する。日本国憲法に定める「地方自治の本旨」(憲法92条) は，地方分権推進法 (２条，３条) や地方自治法 (１条の２，２条11項，12項，13項) において明確かつ具体的に確認されているが，このことから，地方自治体は国と対等・平等な立場で地方行政を推進する憲法によって保障された機関であり，地方自治体の有する自治権は憲法上の権利であるといえるとする。したがって憲法，地方分権推進法，地方自治法によって直接保障された地方自治体の自主権ないし自治権が国の行為によって侵害された場合には，地方

---

(22) 原告準備書面（第１）20～21頁の要約。

(23) 原告準備書面（第１）21頁の要約。

(24) 原告準備書面（第１）21～22頁の要約。

(25) 上記の「まちづくり権」も含むと考えられる。

自治体は国に対し，その救済ないし予防を求めて出訴しうると主張する(26)。

さらに，諸外国の自治体の出訴権についても触れる。すなわち，諸外国では，地方自治体の自治権が侵害された場合，出訴を認めるのが一般的であり，わが国においてもそうした諸外国の制度や訴訟実務を視野に入れ，現行法につき出訴を認める解釈をなすべきであるとする(27)。

〈被告（経済産業大臣）の主張〉

憲法第８章は制度的保障であり，歴史的・伝統的・理念的に確立されてきた一定の内容をもった地方自治制度の本質的内容または核心を立法による侵害から擁護する趣旨で具体的な権利を認めることはできないと原告の主張を否定する(28)。

さらに，地方分権推進法４条(29)，地方自治法２条２項(30)，同条11項，同条13項の規定は，宣言的，指針的性格を有するにすぎず，「まちづくり権」という具体的な権利を認めることはできないとする(31)。

また，諸外国における地方自治体の自治権が侵害された場合，地方自治体が出訴できるとする原告の主張に対しては，わが国の

(26)　原告準備書面（第１）26頁の要約。

(27)　原告準備書面（第１）27頁の要約。

(28)　被告第３準備書面４～５頁の要約。

(29)　被告によって地方分権推進法１条の２から４条に訂正された（森稔樹「サテライト日田（別府競輪の場外車券売場）建設問題」第37編参照）。

(30)　被告によって地方自治法２条の２から２条２項に訂正された（森「サテライト日田（別府競輪の場外車券売場）建設問題」第37編参照）。

(31)　被告第３準備書面５頁の要約。

裁判制度における地方自治体の出訴権の有無はわが国の法令に基づいて判断されるべきものであり，法制度の異なる海外の実情がわが国の地方自治体の出訴権の有無の判断に影響しないと反論する(32)。

〈考察〉

上記の主張から，原告は以下のように「まちづくり権」を定義づけているといえる。「まちづくり権」とは，自治体の固有の権能に基づいて「まちづくり」の方向を決定し，各分野における自治体の事務の処理を通じてこれを実行する権能であるとする。「まちづくり権」が認められる根拠として，憲法，地方自治法，地方分権推進法の規定を挙げ，地方自治の本旨の核心をなすものとして，国の立法及び解釈・運用において，侵害することのできない自治の領域を画するものであると主張する。そして，「まちづくり権」は，総合計画に象徴される権利であるとし，具体的には，地方自治体の自治事務に関する公安（＝生活安全）・公衆衛生・道路・環境保全上の権能，教育・福祉・人権・産業・快適な住環境等をつくる権能が自治体にはあるとする。

一方，被告は，原告が根拠としてあげた憲法，地方自治法，地方分権推進法の規定からは具体的な権利は認められないとし，いわゆるプログラム規定説をとって，「まちづくり権」を認めていない。

「まちづくり権」は，原告適格があることを示すための一根拠として主張したものであると考えられるが，憲法，地方自治法，地方分権推進法の規定が「まちづくり権」を明文で認めているものではない。そこで，「まちづくり権」の具体的中身や範囲，この

(32)　被告第３準備書面５～６頁の要約。

権利の主体，そして争点ともなっている抽象的な規定から「まちづくり権」という具体的な権利が認められる根拠をさらに深めて検討する必要がある。本書ではこの点につき57頁以下に詳述する。

③　手続的参加権について

〈原告（日田市）の主張〉

自転車競技法は場外車券売場が設置される自治体の意見の聴取を明文上予定しておらず，本件処分についても原告日田市の意見を聴取しなかったが，わが国の法律では公営ギャンブルの開設・運営が自治体の権能とされており，たとえば将来，日田市が公営ギャンブルを実施するかどうかは日田市の自治体としての固有の権能であるが，これが否定，制約，必要以上の行使を余儀なくされるという法的不利益を被る。したがって，憲法31条の趣旨に基づき適正手続の保障がなされてしかるべきであるとする[33]。

さらに，以下のようにも主張し手続的参加権が認められるとする。憲法（92条），地方自治法（２条11項，12項，13項）の趣旨，場外車券売場の設置にあたっては従来設置される自治体に対して意見聴取がなされてきたという経緯，また，国が同種事案において，事実上自治体等の立場を尊重し許可処分をしてきたこと，競輪以外の公営ギャンブルでは場外券売場などの設置の際，自治体の意思や立場を尊重する運営が慣行としてなされてきたことを考えれば，自治体に重大な利害をもたらす国の権限行使に際しては，その手続において自治体の自主的かつ自立的な事務処理を尊重する立場から関係自治体の意見を聴取し，それに配慮すべきであり，自治体には手続的参加権が認められると主張する[34]。

---

(33)　原告準備書面（第１）22，27，28頁の要約。

(34)　原告準備書面（第２）１～４頁の要約。

上記のような自治体の手続的参加権の現われとして以下のような法律の規定を挙げている。関係自治体の同意を要するものとして文化財保護法71条の２，関係自治体との協議を義務づけるものとして都市公園法23条，関係自治体の意見聴取および申出を義務づけるものとして廃棄物の処理および清掃に関する法律15条などの規定を挙げる[35]。

そして，本件許可処分に関連して以下のように主張する。本件許可処分は自転車競技法が明文上予定していないにもかかわらず設置される自治体に意見聴取をしてきたという運用を全く無視し，設置される日田市に対し，事前に告知，弁解，防御の機会を与えるべきであったところ，これを怠ったものであるとする。ゆえに，原告は手続的な不利益を争う「法律上の利益」を有すると結論づける[36]。

〈被告（経済産業大臣）の主張〉

本書作成時点では手続的参加権について被告側の主張は行われていない。

〈考察〉

本件処分に基づく場外車券売場の設置によって渋滞など原告が何らかの影響を受ける可能性は否定できないから，原告は本件許可処分について第三者とはいえ無関係でないことは確かであり，本件処分における手続において原告が意見を述べる機会があってもおかしくない。

ただ，原告日田市は本件許可処分について形式的には第三者であるから，憲法31条から直ちに手続的参加が認められるとはいい

---

(35)　原告準備書面（第２）４～９頁の要約。

(36)　原告準備書面（第２）９～10頁の要約。

難い。また，憲法（92条），地方自治法（２条11項，12項，13項）は地方自治体の手続的参加権について直接定めたものではなく，場外車券売場の設置に当たっては従来設置される自治体に対して意見聴取がなされてきたという経緯，また，国が同種事案において，事実上自治体等の立場を尊重し許可処分をしてきたこと，競輪以外の公営ギャンブルでは馬券売場などの設置につき自治体の意思や立場を尊重する運営が慣行としてなされてきたことを原告は主張するが，そうした手続上の配慮が何故行われてきたのか，という経過も踏まえつつ，この手続的参加権については後述（97頁以下）の通り，さらに具体的に詳しく検討されることが求められる。

④　自転車競技法の目的について

〈原告（日田市）の主張〉

原告は本件処分の根拠法規である自転車競技法の目的についてその１条を挙げる。その規定の内容からすると，同法の保護法益は公共の利益と地方財政の健全化にあるとする。そして，公共の利益とは，「まちづくり権」と関連する住民の生活の安全，福祉，保健衛生，教育，青少年の健全育成，生活環境の保全を含み，地方財政の健全化とは車券場を設置される自治体の財政の健全化をも考慮されるべきであるとする。このことは同法が自治体の固有の権能を保護法益とする根拠であると主張する(37)。

また，自転車競技法に基づいて地方自治体が実施する競輪についてのみ違法性が阻却され，刑法上の賭博ないし富くじ罪とならないということからしても，自転車競技法が保護法益に掲げる公共の利益は住民の生活の安全，福祉，保健衛生，教育，青少年の健全育成，生活環境の保全など広範囲にわたり，地方自治体の利

(37)　原告準備書面（第１）30〜31頁の要約。

益を保護することを目的としているとも主張する(38)。

さらに，原告は，自転車競技法２条，３条，４条２項，同法施行規則４条の３も挙げ，「まちづくり権」と関連する住民の生活の安全，福祉，保健衛生，教育，青少年の健全育成，生活環境の保全を含み，これらの具体的利益をもっぱら一般的公益に吸収解消するのではなく，当該行政処分によって影響を受ける地方自治体の個別的利益としても保護しているとする(39)。

〈被告（経済産業大臣）の主張〉

原告と同様に自転車競技法１条などその他同法の目的について規定する条文を挙げ，競輪事業におけるさまざまな局面における公正・円滑な運用，安全秩序を確保し，もって収益を公共的な目的に用いることを規定したに過ぎず，車券売場が設置される地方公共団体の利益を保護した規定ではないとする(40)。

さらに，被告は同法の目的について以下のようにも述べる。競輪の実施を通じて，公益の増進に寄与するとともに，地方財政の健全化を図ることを目的としているが，その際に，当該競輪事業の円滑な実施の観点から，一般的公益としての公安を維持しつつ，その適正な運営を確保するため，学生生徒および未成年者に対する車券購入の禁止を含め，所要の規制が行われるのであって，自転車競技法は，直接地方自治体や周辺住民の個別的利益の保護を目的としているものではないとする(41)。

また，原告が自転車競技法に基づいて地方自治体が実施する競

---

(38)　原告準備書面（第１）31頁の要約。

(39)　原告準備書面（第１）31～34頁の要約。

(40)　被告第１準備書面３～４頁の要約。

(41)　被告第３準備書面６頁の要約。

輪についてのみ，違法性が阻却され，刑法上の賭博ないし富くじ罪とならないことから同法は地方自治体の利益の保護を目的とすると主張するのに対して，被告は競輪事業は，その収益が公共的な目的に用いられることによって違法性が阻却されていると解されるべきであるから，このような観点から自転車競技法は地方自治体の利益の保護を目的とすると解釈することはできないとする[42]。

被告は，場外車券売場の設置許可について定める同法４条の趣旨について同法４条が個々人の個別的利益をも保護すべきものとしていると解されるかどうかは同法４条の文言や場外車券売場設置許可制度の目的等から検討すべきであるとし，場外車券売場設置許可制度の目的は新橋場外車券売場事件地裁判決(東京地判平10(1998)年10月20日判例時報1679号20頁)[43]が判断している通り，競走場及び場外車券売場設置の許可に関する競技法改正の経過等から，申請に係る施設の位置，構造及び設備が公安上及び競輪事業の運営上適当であるか否かを審査することが目的と解されるとする。そして，原告のような地方自治体の利益を個別的利益として保護すべきものとしていると解することはできないと結論づける[44]。

同法２条，３条，４条２項，規則４条の３についても，場外車券売場の設置について地方自治体の意見聴取等の手続的保障をしていると解することはできず，これらの規定から地方公共団体の

---

(42)　被告第３準備書面６頁。

(43)　上訴されたが高裁（東京高判平11（1999）年６月１日判例集未登載），最高裁（最決平13（2001）年３月23日判例集未登載）どちらにおいても棄却された。棄却の理由は地裁判決とほぼ同様である。

(44)　被告第３準備書面７頁の要約。

利益を保護するという原告の主張を否定している[45]。

〈考察〉

被告も触れているが，本件に類似する事例で，自治体ではなく住民が起こした新橋場外車券売場訴訟[46]があるが，この訴訟の地裁判決において，裁判所は自転車競技法の目的について，その設置許可制度の目的，同法施行規則４条の３の定める設置許可基準の趣旨等から，周辺住民の原告適格を否定した。具体的には裁判所は以下のように判示した。場外車券売場の設置許可制度について「申請に係る施設の位置，構造及び設備が公安上及び競輪事業の運営上適当であるか否かを審査することを目的とするものと解するのが相当であ」り，「法が，公安の維持等の一般的公益とは別に，場外車券売場設置許可制度によって周辺住民等が良好な生活環境等を享受する利益を個々人の個別的利益としても保護する趣旨であると解するのは困難である」とする。また，規則４条の３については，「右の許可基準等による周辺環境に対する配慮は，当該場外車券売場の設置により文教施設や医療施設に悪影響が及ぶことをできる限り回避し，また，競輪ファンに対するサービスを向上させるとともに，付近の交通環境に悪影響が及ぶことをできるだけ少なくし，それが社会的にも受容されて，競輪事業の円滑な運営に資するよう，公安を維持し，競輪事業の適正な運営を確保するという観点から行われるものと解するのが相当であり，右の許可基準等が公安の維持等の一般的公益とは別に周辺住民等の個別的利益をも保護する趣旨であると解することはできない」と判断し，周辺住民の原告適格を否定する。

以上のような裁判所の判断を自治体が原告である本件にも当て

---

(45)　被告第３準備書面７頁の要約。

はめることができるとするのが，被告の主張である。これまでの原告適格に関する判例や新橋場外車券売場事件地裁判決で判断された場外車券売場設置許可制度の目的の解釈をそのまま当てはめると日田市に原告適格を認めることは確かに難しいが，地方自治体が原告であることの特殊性に鑑みて，地方自治体の利益を保護していると主張することは不可能ではない。つまり，自転車競技法や同法施行規則は公益を保護したものであるが，原告はまさしく公益を担っている地方自治体であるから，法律上の保護法益が公益であることを根拠にその原告適格は否定されないともいえるのである。

⑤　関連法規の関連規定について

新潟空港事件（最判平元（1989）年２月17日民集43巻２号56頁）において，行政事件訴訟法９条の「法律」を関連法規まで含めて原告適格を解釈しうると判断されたが，このことについて，原告，被告両者は以下のように主張する。

〈原告（日田市）の主張〉

原告は関連法規の関連規定として地方自治法２条11項，12項，13項を挙げるが，この規定を根拠に自転車競技法が地方自治体の個別的利益をも保護しているとする(47)。

さらに，従来，被告である経済産業大臣が全国各地における同種事案において，事実上地方自治体等の立場を尊重しつつ許可処分をしてきたこと，競馬やオートレースなど公営ギャンブルとして類似の制度においてその競馬場や馬券売場などの設置につき地方自治体の意思や立場を尊重する運営が慣行としてなされてきて

(46)　東京地判平10（1998）年10月20日判例時報1679号20頁。

(47)　原告準備書面（第１）34〜35頁の要約。

いることなども，関連法規の解釈の１つの根拠となるとする[48]。

〈被告（経済産業大臣）の主張〉

一方被告は，自転車競技法ないし場外車券売場設置許可制度の目的と地方自治法の目的とは明らかに異なり，地方自治法は，新潟空港判決がいう当該行政法規と「目的を共通する関連法規の関連規定」には当たらないというべきであって，地方自治法における規定を根拠に原告適格があるとする原告の主張を否定する[49]。

また，原告の他の公営ギャンブルにおける慣行が関連法規の解釈の根拠となるとの主張に対して，場外車券売場の設置許可は，あくまで公安上および競輪事業の運営上適当であるか否かを法令に基づき判断するものであり，地域社会との調和等を定める設置要領通達は，単なる行政指導上の指針に過ぎず，このような設置要領通達に基づいて事実上地方自治体等の立場を尊重するような扱いがなされてきたとしても，本件許可処分に係る「関連法規」の解釈に際して何ら影響を与えるものではないと反論する[50]。

〈考察〉

地方自治法や地方分権推進法を自転車競技法の関連法規というのは一見すると難しそうであるが，自転車競技法の目的を原告主張のように解すならば，目的が共通することになり，その関連法規として地方自治法や地方分権推進法を挙げることは不可能ではない。反対に，自転車競技法の目的が被告の主張するとおりならば，同法の目的と地方自治法や地方分権推進法の目的とは異なることになり，関連法規とはいえない。原告の主張が認められるか

---

(48)　原告準備書面（第１）35頁の要約。

(49)　被告第３準備書面８～９頁の要約。

(50)　被告第３準備書面９頁の要約。

どうかは，自転車競技法の解釈にあたって，憲法および新地方自治法の趣旨が適切に斟酌されるかどうかにかかっているといえよう。

⑵　出 訴 期 間

出訴期間については行政事件訴訟法14条において定められている。同条１項は「取消訴訟は，処分又は裁決があつたことを知つた日から三箇月以内に提起しなければならない」とし，出訴期間を処分または裁決が知った日から３ヵ月に制限している。また，２項は「前項の期間は，不変期間」とする。さらに，３項は正当な理由がない限り「取消訴訟は，処分又は裁決の日から一年を経過したときは，提起することができない。」と規定し，出訴期間を処分または裁決の日から１年に制限している。４項では出訴期間の起算日について「第一項及び前項の期間は，処分又は裁決につき審査請求をすることができる場合又は行政庁が誤つて審査請求をすることができる旨を教示した場合において，審査請求があつたときは，その審査請求をした者については，これに対する裁決があつたことを知つた日又は裁決の日から起算する」としている。

〈原告（日田市）の主張〉

原告は出訴期間について以下のように考える。地方自治体が訴訟を提起するには，手続上議会の議決が必要とされており（地方自治法96条１項12号），議案が提案されるまでには，訴状完成，総務課における審査・立案・市長による決済，印刷・製本，議員への議案の配布，説明などのさまざまな手続を経なければならない。これらの手続を経て議会に提案された後，審査の付託を受けた委員会の報告を受け，さらに討議を経て採択されることになる。そうなると，地方自治体が３ヵ月で出訴することは不可能で行政事件訴訟法14条の１項の適用はないとする[51]。

また，行政処分の公定力を前提とする不可争性は行政の法的安定性を確保するという政策的な制度に過ぎず，憲法が保障する自治権が争点とされている本件において，不可争性を理由に原告適格を否定することは，権利濫用として許されないと主張する(52)。

〈被告（経済産業大臣）の主張〉

これに対して被告は，以下のように原告の出訴期間の徒過を主張する。建設会社の会長が日田市長を訪ねた2000（平成12）年７月３日には，遅くとも本件許可処分がなされたことを知っていたことは明らかであるから，2000（平成12）年10月３日までに出訴すべきであるが，原告が裁判所に訴状を提出したのは2001（平成13）年３月19日で，行政事件訴訟法14条所定の出訴期間を徒過しているとする(53)。

また，行訴法14条１項に，同条３項但書の「正当な理由があるとき」は適用されないし，出訴期間の定めは不変期間であり，例外として原告側の責めに帰すべからざる事由のために出訴期間を遵守できなかった場合は，その事由が止んだ後１週間以内に出訴することにより追完が認められるが，それにも当たらないとする(54)。

さらに，原告の地方自治体に関しては行政事件訴訟法14条１項の適用はないとする主張に対しては，行政事件訴訟法は，地方公共団体の出訴に係る特例規定を何ら設けておらず，地方自治体についても，出訴期間に関して行訴法14条が適用されるべきことは

(51)　原告準備書面（第１）43〜44頁の要約。
(52)　原告準備書面（第１）44〜45頁の要約。
(53)　被告第１準備書面10〜12頁の要約。
(54)　被告第１準備書面10〜12頁の要約。

当然と反論する。そして，地方自治体が３ヵ月で出訴することは不可能とする原告の主張については，2000（平成12）年12月11日，12日に開かれた日田市議会一般質問において，本件処分につき「今後の別府市の動向によっては，法的措置も検討している」旨答弁するにとどまっており，その後約３ヵ月で本件訴訟に至っているとする。ゆえに，手続上出訴期間の遵守が不可能ないし著しく困難とする原告側の主張は事実に合致しないと主張する[55]。

〈考察〉

自治体が３ヵ月で出訴することは不可能であるとの原告の主張についてであるが，本件において原告は結果的には，被告の指摘するように訴訟を起こすことを決めてから約３ヵ月で実際に提起に至っている。しかし，以下の理由から一般的に自治体が処分後３ヵ月で訴訟を提起することは不可能に近いといえる。自治体が国を相手として訴訟を起こす例が少なく処分に対して不服があるからすぐに訴訟を提起するという土壌がないし[56]，近時，自治体職員の法務能力不足が問題となっているが，それを勘案すると３ヵ月で処分の違法性を分析し訴訟に持っていくだけの能力を職員に求めるのは現時点では酷である。また，議会の開催間隔は３ヵ月であり常に開かれているわけではないし，臨時議会を開くにしてもかなりの準備や時間がかかることを考えると３ヵ月という短い期間で自治体が提訴するのは難しい。さらに，行政事件の

---

(55)　被告第３準備書面10頁の要約。

(56)　自治体としては国あるいは他の自治体との間にトラブルが生じた場合，まず協議や陳情などで政治的に決着しようとするのが一般的である。また，本件の場合，日田市民の大多数の反対，別府市議会における「サテライト日田」関連予算案が否決されるなどの経過から日田市としては政治的に十分解決できると考えていたとも推測できる。

件数自体少ないため行政事件を扱う弁護士は少数で，３ヵ月で当該行政事件の法的問題点を検討して，的確な訴訟を提起するのは困難である。

上記のような自治体の実情等を考慮した場合，自治体には行政事件訴訟法14条をそのまま適用するのは妥当ではない。このことについて判断した判例や学説はなく，本訴訟における裁判所の判断が待たれるところである。

第２節　日田市場外車券売場事件訴訟の論点は何か

第１項　社会的視点からみるこの訴訟の意義

ここまでサテライト日田に関する一連の流れについて，事件の経緯(57)，そして訴訟の内容(58)をみてきた。

前述したように，場外車券売場が設置される自治体の同意を要件としていない自転車競技法および同法施行規則や，過去の判例，学説の展開，そして最近の新橋場外車券売場事件判決からすれば，日田市にとってこの訴訟の展望は非常に厳しいといえる(59)。

それでは，日田市は無謀な闘いをしているのだろうか。

明治維新，戦後改革に次ぐ「第３の改革」(60)といわれた地方分権改革により，地方分権一括法(61)の制定，地方自治法の改正(62)がな

---

(57)　本書第１章参照。

(58)　本書第２章第１節参照。

(59)　本書第２章第１節第２項参照。

(60)　地方分権推進委員会（以下，「推進委」と略称する。）「中間報告」。

(61)　正式名「地方分権を図るための関係法律の整備等に関する法律」。1999（平成11）年７月制定，１年間の時限立法。のち１年延長された。

(62)　2000（平成12）年４月施行。

され，国庫補助負担金の整理合理化や地方税財源など個々の懸案は残しつつも，国と地方の関係は上下・主従の関係から対等・協力関係へと法制度が大きく転換した。

地方分権改革の目的・理念と改革の方向は，中央省庁主導の縦割りの画一システムを，住民主導の個性的で総合的な行政システムに変革することであり，その先決条件として，国と地方のあり方つまり団体自治(63)の拡充が必要とされた(64)。

したがって，今回の改革は，機関委任事務の廃止と事務区分，国の関与の縮減と法制化，そしてそれを担保する係争処理制度の新設など，主に団体自治の改革に重点が置かれ，地方議会，住民参加のあり方といった住民自治の問題については先送りされた形となった。その意味では，今回の改革は分権改革の第１段階であり，まさにこれからが，住民自治，住民の自己決定権拡充という地方自治の真の理念実現に向けての実行段階，分権改革の第２段階であるといえよう。

崇高な理念を掲げつつも，結果的に国の関与の縮減に力を注ぎ，住民自治の拡充には十分に応えきれていない推進委による今次の改革は，「官官分権」と揶揄され，各方面から改革内容の不十分さや問題点を指摘された(65)。しかし，地方自治の担い手は，国でも推進委でもなく，自治体とそこで暮らす住民である。できあがった制度やしくみを生かすも殺すも自治体や住民次第なのである。分権改革後新制度がスタートした今，地方自治の担い手である自

(63)　詳しくは，本書第３章第１節参照。

(64)　西尾勝編『分権型社会を創る～その歴史と理念と制度～（分権型社会を創る１）』（ぎょうせい，2001年）329頁。

(65)　西尾『分権型社会を創る』（前掲注64）301～337頁。

治体や住民が，自己決定・自己責任による自治，住民自治の拡充へ向け，主体的に行動することが地方分権の第2段階をすすめる大きな原動力となろう。

〈コラム3〉　地方分権改革の目的と理念

1995（平成7）年に設置された地方分権推進委員会の中間報告（96年3月）が示す地方分権改革の目的と理念のポイントは，①地域住民の自己決定権の拡充，②国・地方の対等協力関係，③自治体の「自ら治める」責任の範囲の拡大，の3つである。これらは，住民を主体とした真の地方自治実現の柱となるものである。その中で，住民の自己決定による，地域の個性を活かした便利で快適なまちづくりがますます重要になっていく。

日田市訴訟では，自治体が国を相手とし，自治権や自分たちのまちをつくる権利として「まちづくり権」を主張している。日田市の主張はどこまで認められるだろうか。

この訴訟では，日田市に「法律上の利益」が認められるか，そしてその利益侵害が重大なものであるかが最大の争点となっており，日田市はそれらを根拠づけるものとして，自治体の有する自治権，中でも本件許可処分によって侵害される具体的権利として「まちづくり権」の存在を主張している[66]。

したがって，本訴訟における最大の論点は，この「まちづくり権」が，自治体の権利として，また自分たちの「まちをつくる権利」として認められるのかどうかであるといえる。

自治体の有する自治権とはどのようなものであるか。そして，

(66)　本書第2章第1節第2項参照。

自治体に「まちづくりの権利」はあるのか。これらの問題点は，これまで不明瞭であった地方自治保障の核である「地方自治の本旨」(67)の本質，その具体的内容に迫るものである。

また，この訴訟は，自治体が国に対し自らの権利を主張し，それを司法の場で争うというわが国の地方自治制度，地方自治の本質に関わる重大な問題提起をしている。

そのような意味から，この訴訟は，自治体「による」地方分権，地方自治の獲得の闘い，分権改革の第２次局面といえるのではなかろうか。つまり，これは決して無謀な闘いなどではなく，改革後の地方自治を問い，分権の第２段階へと進めるにあたっての重要な契機，試金石なのである。

ゆえに，日田市訴訟は，わが国の地方分権，地方自治の観点において重大な意義を有し，そのなかでも「まちづくり権」は，重要な論点，キーワードといえる。

第２項 「まちづくり権」とはどのような権利か

しかし，「まちづくり権」なる権利は憲法上，地方自治法上それを明確に規定するものはなく，それについての判例・学説も存在しない。一体どのような権利なのだろうか。

「まちづくり権」の「まちづくり」という語を考えてみると，まず浮かんでくるのは，歴史的風情を残すまち並み，花や緑にあふれる住宅地，にぎわいのある商店街，オフィスビル群とその一角にある公園，といったまち並み，景観である。

まち並みや景観は，そこで暮らす住民，働く人々の営みと自治体の活動の協働的蓄積である。中でも，景観条例やまちづくり条例

---

(67)　詳しくは，本書第３章第１節で述べる。

による規制，誘導などの自治体の活動は「まちづくり」において重要な位置を占めている。

このような「まちづくり」のイメージ，まちづくりをするのは自治体だという認識，感覚は多くの人に共通しているだろう。しかし，「まちづくり権」は自治体の「まちをつくる権利」として憲法上または地方自治法上保障が与えられていると観念しうるだろうか。

自治体の活動はその指針である行政計画に基づいてなされ，しばしば条例がその行政計画を実行する手段として使われている。行政計画は，多様な関係者との対話の下でさまざまな利害を比較衡量して将来の行政目標を設定し，目標達成のための時間管理と多様な行政活動の統合方法を示す政策構想である[68]。自治体の行政計画の体系の頂点には総合計画があり，自治体の行政分野のすべてを対象にしている。つまり，総合計画に従って「まちづくり」は進められるのである。

それでは，総合計画や条例をはじめとする自治体の活動を根拠に，「まちづくり権」が認められるといえるだろうか。そして，「まちづくり権」は具体的にはどのような権利であるのか。どう定義づけられるだろうか。

また，「まちづくり権」があるとすると，自治体はその権利をどのような場合に主張できるのだろうか，限界はないのだろうか。

地方自治法改正前は，中央集権が強く，国が自治体よりも上位にあるという概念が存在していた。そのような中では，自治体が国に意見を言う，国を相手に訴訟するなどということは想定することも難しかった。実際に，国を相手に提起された訴訟は数少な

---

(68)　大橋洋一『行政法』（有斐閣，2001年）292頁。

い，極めて珍しいものであった(69)。

しかし，地方自治法改正後は，事務権限が委譲され，国からの関与も縮減され，法定された。国と自治体の間に紛争が起きたとき，中立な立場で審判する国地方係争処理委員会も作られ，新しく設けられた関与の仕組みの実効性を担保しようとしている(70)。国の関与に対する紛争処理制度が新設されたことは，これまで意見を主張する場が少なかった自治体の自己主張の場を増やすことになる。意見を主張する前提として，その根拠となるような自治体の活動，姿勢が必要となり，当然自治体の責任も増し，自己判断，自己決定をすることが重要となっていく。

このように，自治権の拡大とも考えられる地方分権の流れの中で，自治体を取り巻く環境は確実に変わってきている。この変化が自治体の「まちづくり」に及ぼす影響とはどのようなものであろうか。

また，自治体が主張する「まちづくり権」によって，どの程度の「まちづくり」が認められるのであろうか。「まちづくり」が自治体の活動によって進められていくものだとしても，すべてのことを自治体の利益のみで判断してよいわけではないと考えられる。国全体としての公益と自治体の利益，「まちづくり権」と住民個人の権利など様々なことを比較しなければならない。自治体の持つ

---

(69)　本書第５章参照。

(70)　国地方係争処理委員会は勧告権を持ち，関与が違憲ないし不当であると認められる場合は，理由づきで「勧告」し公表しなければならない。自治体の長は国地方係争処理委員会の審査や勧告の結果に法的に不服な場合は，国の行政庁を被告に30日以内に，違法な国の関与の取消しの訴えまたは不作為違法確認の訴えを高裁に起こしていくことができる。詳しくは本書第５章参照。

「まちづくり権」の限界は何なのだろうか。

以上，「まちづくり権」から考えられる疑問点をあげた。この疑問点について，「第３章　「地方自治の本旨」を詰める」，「第４章　総合計画からみる「まちづくり権」とは」，「第５章　自治体が国と争うことの意義と困難性」において，各視点から，より具体的な検討を加えつつ，当ゼミなりの見解を明らかにしていくことにする。

≪参考文献・参考サイト≫

・大橋洋一『行政法』（有斐閣，2001年）
・兼子仁『新地方自治法』（岩波書店，2001年）
・木佐茂男『自治体法務入門〔第２版〕』（ぎょうせい，2000年）
・木佐茂男『豊かさを生む地方自治』（日本評論社，1996年）
・塩野宏『行政法Ⅱ〔第２版〕』（有斐閣，1995年）96～106頁
・芝池義一『行政救済法講義〔第２版〕』（有斐閣，2000年）36～48頁
・西尾勝編『分権型社会を創る～その歴史と理念と制度～（分権型社会を創る１）』（ぎょうせい，2001年）301～337頁
・西尾勝『未完の分権改革―霞ヶ関官僚と格闘した1300日』（岩波書店，1999年）
・人見剛『日田市訴訟鑑定意見書』（2002年）
・内閣府地方分権推進会議（http://www8.cao.go.jp/bunken/index.html）
・森捻樹「サテライト日田（別府競輪の場外車券売場）建設問題」（http://www.h2.dion.ne.jp/~kraft/satellite00a.htm）

第３章　「地方自治の本旨」を詰める

序

これまで，日田市場外車券売場事件訴訟に至るまでの経緯と訴訟法上の問題などを述べてきた。特に行政事件訴訟（本件では，無効確認訴訟および取消訴訟）の要件についての考察は第２章において詳細に述べた。通説によれば，原告である日田市には，国側の設置許可の取消しを得るに値する保護されるべき具体的権利が存在していなければならない。さもなければ，いわゆる却下判決として，裁判所が訴訟を終了してしまう。

この訴訟で日田市側は具体的権利として「まちづくり権」を前面に押し出し，それを憲法上の権利として主張している。「まちづくり権」は今までほぼ聞いたことのない権利である。今回の訴状，準備書面でも「まちづくり権」が具体的にどのような性質の権利であるのかについて，本書作成時点では述べられていない。憲法，法律その他の条文にも「まちづくり権」の規定はなく，まして法律学の基本書や注釈書でもこのような権利はほとんど分析されていないのである。

日田市側の主張する「まちづくり権」が憲法上の権利であるとするならば，それは一体どのようなものであろうか。それを解明するためにまず，「まちづくり権」が実際に存在しうるか否かを考察し，それが権利としていかなる内容と限界を有するものであるのかを検討しなければならない。そこで本章では，第１節においてこれまで幾多の議論が重ねられてきた憲法上の自治権について，第2節において自治体の「まちづくり」に関する責務とその現実の事務をそれぞれ分析し，この双方を考察した後に第3節において「まちづくり権」を探求していくこととする。

第1節 「自治権」はどのように据えられてきたのか

本節では，憲法上の自治体の地位とその保障のあり方を検討する。また，「まちづくり権」と類似の制度として，ドイツの「計画高権」の理論を紹介する。

第1項　地方自治を保障する意味

今日，日本全国にさまざまな市町村，すなわち基礎的な地方自治体（以下，「自治体」とする）が存在している。この自治体は国土を地形や環境などの要因により行政区画として分割されたものであり，中世欧州の自治都市などとは性格が異なるものである。自治体は自治都市のように城砦で囲まれることもなく，不可視な境界線によって制度的に区切られているのみである。したがって，自治体は単に行政区画として仕切られた形式的な存在にみえる。しかし，実質的に，現代日本における自治体は，私たちの日常生活に密接にかかわる事務を行っている身近な行政組織なのである。このことは，自治体が，国から制度として自治権を行使できる地位を保障されているのであれ，国とは別に固有の自治権を持つものとして憲法上認められているのであれ，その区切られた自治体のなかで居住する国民がより身近な行政サービスを受けられるようにするためのものであるということを意味している。このように現実的に必要とされている自治体の存在について，法律はどのように規定しているのであろうか。自治体の存在に関して法的な根拠を確定できなければ，自治体は自治権の主体となり得ない。

このことに関して，憲法は第８章（92〜95条）において自治体にその権利を与える規定としての「地方自治」の章を設けている。この章によって，自治体は，存在そのものの保障と，具体的な権利義務の内容はともかく，一定の法的地位を得たということができる。

この地方自治の章が憲法に規定された結果，次の効果が期待できる。

１つは地方自治を進めることによって国に集中している権力を地方に分配し，国という中央政府の権力を抑制，削減していくということである。集中した権力が国によって濫用されたときにも国民，特に国民の中で少数派の意見を持つもの，または個人が被る不利益をできるだけ少なくすることができるようにするためである。また，地方自治の制度は住民の能動的，自発的そして創造的な活動を直接的に発揮できる場となることも目的とされている。すなわち，自治体に居住する人々が，自分たちの固有の伝統，文化，慣習などを住民ひいては自治体主導で国の画一的文化とは異なったものとして保存，継承できるようにするということである。

また，２つめは，国という単位のみでは民主主義を実現していくのは困難であるため，地方自治体を国と国民との間に置いてより多くの国，地方自治体に対する参加を促すことができるという効果である。これによって，民主主義の制度を充実したものにすることができる。

そして，３つめは，その地域の実情に即した自治体行政を確保するために設置するということである。国の行政はおおむね全国に画一的政策を施行する傾向があるため，地域の特色に適した個別具体的な効果を期待できない場合がある。どのような行政を執行すればその地域特性に合った効果を期待できるかということを最もよく理解しているのは，その地域の行政を長年にわたり執行している自治体である。自治体の存在・設立の意義から考えても，この効果を自治体に期待するのは妥当であるといえる。

最後に，国民，すなわち住民に対する人権を確保することである。トクヴィルが述べているように，自治体は「民主主義の学校」としての側面も持つ[(1)]。憲法は，第３章（10～40条）において人権の規定を置き，その中でも国民に主権者として国政に参加する権利たる参政権を保障している。地方自治制度には，国民の政治参加，つまり国政選挙（憲法15条），請願（憲法16条）に加えて，地方自治体に対する政治参加の手段を拡大し，住民の権利行使の成果が比較的迅速に実現する地方行政の利点を利用して，より多くの国民が利益を獲得できるようにするという目的がある。

以上から，地方自治制度が国民にとって必要不可欠であることが分かる。このような地方自治制度を円滑に機能させていくため憲法93条および94条において，国家機関（立法，行政，司法）とは別に自治体の機関と権能を定めている。

93条では１項で自治体の議事機関としての議会を置く旨が，２項ではその長，議員などは住民の直接選挙により選出される旨が定められている。自治体の政策はこのような機関，特に長を通して施行されるわけであるから，国会，内閣などの国家機関よりも直接に民意を反映しやすい。このように地域社会の公的事務をその住民がいわば自らの意志に基づいて自主的に処理することがで

---

(1) 芦部信喜『憲法〔新版補訂版〕』（岩波書店，1999年）328頁，佐藤幸治『憲法〔第３版〕』（青林書院，1995年）263頁。

きるという点で，住民による自治が保障されているのである。

また，94条では自治財政権，事務処理権，自治行政権，自治立法権が定められ，憲法上の自治体はこれらの権能を有するものでなければならないとする。憲法は，自治体が国とは別個の地域的統治団体としてその設置を認められ，また，自治体に地域社会の公的事務を処理させるべき旨を定めている(2)。

93条，94条により，憲法は，自治体とその住民のために，議会と首長という２元制の代表機関を保障している。住民は直接選挙を通じて行政の長，議会の議員に対しその意思を反映することができる。そして，行政および議会は，「自治体」として住民の意思を反映して国，他の自治体に対し自治権を以て対抗しうる。例外も確かに存在するが，憲法は原則としてこのような形をとっているとみることができる。

第２項　地方自治制度に関する諸説を検討する

(1)　地方自治の本旨とは

次に，地方自治における自治権がどのような由来によって導き出されているのか，また憲法がどのように自治権を捉えて保障しようとしているのかという点について述べていく。

憲法92条は地方自治の基本的な原則として，自治体の組織，運営に関して「地方自治の本旨」に則って法律でこれを定めるとしている。だが，この「地方自治の本旨」は憲法で具体的規定として定められておらず，これまで多くの学者によって探求されてき

---

(2)　小林孝輔・芹沢斉編『基本法コンメンタール憲法〔第４版〕』（日本評論社，1997年）372頁（仲地博執筆）。樋口陽一〔ほか〕『注釈日本国憲法（下巻）』（青林書院，1988年）1379頁以下（中村睦男執筆）。

た。その結果，今日では前述の住民の自治権（以下「住民自治」という）と，行政，議会の自治権（以下「団体自治」という）を地方自治の基本的部分としているという解釈が通説的見解となっている[(3)]。しかし，この「地方自治の本旨」の意味は憲法上においても解釈によって導かれるのみであり，その内容も自明であるとは言い難い[(4)]。そのため「地方自治の本旨」を説明するために住民自治や団体自治の由来，憲法における自治の捉え方，そしてその保障方法についてこれまでさまざまな学説が展開されてきた。以下では，その中でも代表的な学説にごく簡潔に言及するにとどめたい。

⑵ 固有権説

自然権の思想を地方自治体にも認める「地方権」の思想に起源を有し，国民個人が国家に対して固有不可侵の権利を持つのと同様に，自治体が固有の権利として一定の範囲の自治権を有するという説が現憲法の初期において有力な学説として唱えられた。この理論は「固有権説」と呼ばれている。しかし，国の有している主権は国内において最高権力であり，単一にして不可分である(主権理論)。「固有権説」は，この主権が自治体に分配されるという内容であったため，主権理論との間に矛盾を生じ，整合性を欠いているということから支配的学説とはならなかった[(5)]。

⑶ 芦部『憲法〔新版補訂版〕』(前掲注１）329頁，手島孝『基本憲法学〔第２版〕』(法律文化社，1998年）226頁。

⑷ 佐藤幸治教授は「『地方自治の本旨』の内実とされる団体自治と住民自治それ自体はかなり抽象的なもの」(佐藤『憲法〔第３版〕』(前掲注１）268頁）と指摘している。

⑸ 小林・芹沢編『基本法コンメンタール憲法〔第４版〕』(前掲注２）372頁（仲地執筆)。

(3) 伝 来 説

「固有権説」に代わる説として，地方自治は国の統治権に由来するものとする説が登場した。この説は「伝来説」と呼ばれている[(6)]。「伝来説」は，国の統治権を補佐するために地方自治体に自治を行うことを許容したに過ぎず，地方自治の保障は意味を持たないというものである。この説では国の許容する範囲内でのみ自治が行われることになり，その内容も国の立法政策により無制限に改変，廃止することができることになる[(7)]。これでは，国が，憲法に章として規定された地方自治の制度そのものを自由に排除することができるようになるため，「地方自治の本旨」の意義が失われることになる。

(4) 憲法原理説

「固有権説」，「伝来説」の他に「制度的保障説」，「憲法原理説」，「憲法伝来説」[(8)]なども学説として提唱されている。しかし，個々の研究者が個別に主張しているという感は否めない。ここでは，「制度的保障説」を批判して提唱された「憲法原理説」及び「憲法伝来説」を説明する。「制度的保障説」については，第３項で詳しく検討する。

この２説は「地方自治権の本質・『地方自治の本旨』の内容を，人権保障と国民主権原理に基づく憲法原理によって再構成」[(9)]す

(6) 成田頼明教授はこの説を「保障否定説」と呼んでいる（成田頼明「地方自治の保障」田中二郎編『日本国憲法体系 第５巻 統治の機構Ⅱ』（有斐閣，1978年）235頁）。

(7) 原田尚彦『地方自治の法としくみ〔全訂３版〕』（学陽書房，2001年）21～22頁。

(8) 小林・芹沢編『基本法コンメンタール憲法〔第４版〕』（前掲注２）374頁（仲地執筆），兼子仁『自治体法学』（学陽書房，1988年）14頁。

るというものである。これは，憲法第８章だけでなく憲法体系全体，特に人権保障，国民主権原理との関わりから自治権を解明していこうとする。

住民が自治体を形成し，共同事務を最大限自力で処理することを通して住民自らの自由と権利を守り伸張させる自治権は，住民の基本的人権にも属するといえる。また，住民は，国民主権原理の下で，その主権行使に参加する当然の権利を有し，主権を自ら行使することができる。このような国民主権原理は住民の意思による自治権に反映されるべきである。

このように「憲法原理説」は，住民が国民として有している固有の権利を自治権に反映させることで，自治体に「固有の自治権領域を認め，この領域を拡張する」[10]ことを目的としている。

〈コラム１〉 憲法保障の有無と自治権の法的性質

地方自治権の法的性質を論ずる場合に忘れてはならないのは，ある学説（考え方）が展開されたときに，当時の実定憲法に地方自治保障規定があったのか，なかったのか，ということである。日本国憲法下では憲法解釈論として展開されるが，保障規定がなかった19世紀の多くの諸国では，「そもそも自治権とは」とか「法律で保障されている地方自治の法的意味は」というような課題設定であった。現在は，仮に伝来説といっても，憲法の保障がある下での伝来説であるから，学説でいう憲法原理説などと内容的には変わらないものを導き出せる可能性がある。

⑼ 鴨野幸雄「憲法学における『地方政府』論の可能性」金沢法学29巻１・２合併号（1987年）429頁。

⑽ 鴨野「憲法学における『地方政府』論の可能性」（前掲注９）429頁。

第3項 制度的保障説（通説）とその意義

ここで，今回の訴訟でも言及されている「制度的保障説」について考察する。

たとえばイギリスでは成文憲法が存在せず，そのため地方自治法が地方自治制度を基礎づけてきた[(11)]。しかし，世界に目を向けてみると地方自治を制度的に保障しているという国は多い。ドイツでも市町村（ゲマインデ）は国家権力を間接的に行使する主体とされ，「基本権の享有主体であるとは考えられておらず，むしろ基本法によって拘束を受ける存在」[(12)]であるとして「制度的保障説」が採用されている。

わが国における「制度的保障説」は「伝来説」の流れを汲むものである。よって，統治権の帰属主体に関して主権の単一・不可分性に基づく国家論を基本とし，「固有権説」のように整合性を欠くことはない。この説は自治権が国家から伝来するものとした上で，憲法第8章の規定から導かれる権利も保障されなければならないというものである。「制度的保障説」は，憲法上保障される本質的な自治権，つまり核心部分は国によっても侵害することができない点で，国が無制限に自治権に介入できる「伝来説」と異なる。このように「制度的保障説」に立つことで「伝来説」に比べ，自治体は国の自治権侵害を相対的には排除しやすくなる。

国は法律によっても憲法上保障された自治権の核心部分を侵害できない。この場合，国が介入できない自治権の核心部分は，不

---

(11) 原田『地方自治の法としくみ〔全訂3版〕』（前掲注7） 6頁。

(12) 木佐茂男「連邦制と地方自治をめぐる法制度と実務の比較考察」『公法研究』56号（有斐閣，1994年）34頁以下，白藤博行『日田市訴訟鑑定意見書』（2002年） 2頁。

可侵の自治権とみることができる。

国が憲法で保障された地方自治の核心部分を侵すことは憲法尊重擁護義務(憲法99条)により禁止されているが，核心部分に当たらない自治権はどうであろうか。それに憲法による保障が及ばないため，自治体がその侵害を排除するのは難しい。このことは逆に，国の自治権侵害は，それが核心部分でない限り認められるということになる。つまり，核心部分に当たらない自治権は「伝来説」と同様に国が無制限に改変，廃止できるということである。このように，自治権が核心部分に当たるかどうかは，自治体がそれを侵害されたときの対抗要件になるかどうかという重要な問題となる。

では，核心部分に当たる自治権とはどのようなものであろうか。成田頼明教授は，地方自治体の存在，自主責任(憲法92条)や，住民自治の原則(憲法93条)，財産管理権，自治行政権，条例制定権(憲法94条)，組織権，自治体運営のための人事に関する権利など(憲法92条，94条)をその核心部分としている⒀。しかし，成田教授も核心部分を導くためにそれぞれの権利につき個別具体的に検討するにとどまり，核心部分の判定につき明確な基準を示していない。憲法に明確に規定されていない権能が核心部分に当たるかどうかは個別具体的に検討する以外に方法がないようである。

制度的保障説を克服しようとした1970年代以降の多くの研究者も，自らの抽象的な論理で地方自治法関連で発生する諸問題に，すべて対処できるとは考えていないようである。結局，どの説によろうとも，個別の事件・事案に即したきめ細かい議論を展開しなければ，「地方自治の本旨」は明らかにならないように思われる。

⒀ 成田「地方自治の保障」(前掲注6) 290〜303頁。

第４項　具体的な自治体の権能

地方自治制度の由来に関する諸説を前項までに述べたが，この制度を実質的に機能させていくために憲法，法律によりさまざまな権能が規定されている。憲法94条より自治組織権，自治行政権，自治財政権，自治立法権（条例制定権）が，地方公務員法６条，地方自治法154条より人事に関する自治権（人事高権）が定められている。また地方自治法は「住民に身近な行政はできる限り地方公共団体にゆだねることを基本と」すると明文で規定し（１条の２第２項），自治体の事務，権能に関し基礎自治体を優先させるという補完性原則を定めている。

今回の事例で問題となっている自治体の総合計画を施策する権利（計画高権）について憲法は明文で規定していない。また，日田市にも「計画高権」を直接定めた条例は存在しない。ただし，ドイツの地方自治に由来する日本における計画高権が，核心部分に当たるかどうかについては検討する余地がある。ドイツの計画高権の理論は次の第５項において詳しく扱いたい。もっとも，仮にこの権能が核心部分に当たらないとしても，直ちに，自治体は国の侵害行為を排除できないという結論になるわけではない。

また，自転車競技法は場外車券売場の建設地である自治体に同意，承認権を与えていない。法律が自治体に行政区域内の問題の手続に同意・承認権を付与することで，自治体が意思を表示できなければならない。自治体が行政区域内の問題に同意・承認を与える権利（手続的参加権）の内容は，本章第３節第５項(2)で触れることにする。

最後に改めて触れるが，自治体の法解釈権は憲法上保障された自治権である。兼子仁教授によれば，その権能は，「条例の制定にあたる自治体自身が『地方自治の本旨』を生かすように関連・

関係法令を解釈していく自主的立場を持っている」(14)ことに由来する。しかし，この法令解釈権も今日の司法国家においては裁判所で決着をみる主張権でしかないという点に留意すべきである。

第５項　ドイツ計画高権の理論に学ぶ

日田市訴訟では，自治体の原告適格について，ドイツ（白藤博行教授）だけでなく，フランス（村上順教授）などにより外国の制度についての鑑定意見書が提出された(15)。原告日田市も指摘するように，日本の司法制度では，自治体が原告適格を認められるケースは非常に限定されている（この点に関しては，本書第５章参照)。ドイツの地方自治制度は，日本と同様に憲法上規定され，その保障が「制度的保障」であるとされてきた。そこで，白藤博行教授の鑑定意見書をもとに，ドイツの地方自治制度を紹介し，「まちづくり権」と類似する制度として，ドイツの計画高権の理論について述べる。

⑴　ゲマインデ（市町村）

日本の市町村に当たるゲマインデ（Gemeinde）は，憲法に当たる基本法（ドイツ連邦共和国基本法＝憲法）により自治（地方自己

⒁　兼子『自治体法学』（前掲注８）75〜76頁。

⒂　アメリカにおいては，自治体の出訴権が当然に認められることについて，人見剛鑑定書を参照。

⒃　ドイツは連邦制を採用している。機構としては，まず，連邦の下に州（Land）がある。州の下には，県（バイエルン州のみ），行政管区（州の総合的出先機関であり，設けていない州もある）などがあるがその形態は多様である。その下には，都市国家である州以外は，郡(Kreis)，そしてその下に市町村（ゲマインデ）が設けられている（大きな都市には，さらに区（Stadtbezirk）の制度がある。区には法人格

(＝自主)行政(Kommunale Selbstverwaltung))を保障されている[16]。基本法28条２項は，「市町村（ゲマインデ）は，地域的共同体のすべての事項について，法律の範囲内で自らの責任において規律する権利を保障されなければならない。市町村連合（Gemeindeverband）も，法律の定める権限の範囲内で，法律に基づいて自治を行う権利を有する。自治の保障には，財政の自己責任の基礎も含まれる」とする。ここから，ゲマインデは「法律の範囲内」という制約があるものの，「地域共同体のすべての事項」(全権限性(Allzuständigkeit）の原則）を「自己の責任において」行うことが保障される（自己責任（Eigenverantwortlichkeit）の原則)。

ゲマインデは，あくまで国家行政組織のひとつであり，基本権の共有主体ではない。そこで，ゲマインデは，基本法28条２項から直接その特別な地位が保障されている。また，同規定より，ゲ

がない)。また，人口の規模などから法的に郡と同レベルの扱いを受ける市（都市）が県，行政管区などの下にある（この機構の下にも区が設けられることがある)。郡，郡と同格の市，その他の市町村（ゲマインデ）が憲法上，自治を保障されている。なお，州によっては，市町村連合（連合ゲマインデ）を設置する。市町村連合とは，「小規模町村の行政事務処理を一元的に行うための自治体」であり，自治体の一種で，「法人格を持ち，公選制の議会」を有する。法的位置づけは州によっていささか異なる。構成町村の事務の範囲は小さい。ドイツの地方自治の基本的仕組みにつき，木佐茂男『豊かさを生む地方自治ードイツを歩いて考える』(日本評論社，1996年）18〜24頁参照。

(17)　ドイツには，憲法裁判所（連邦憲法裁判所と州憲法裁判所）と行政裁判所がある。連邦憲法裁判所は，「立法者による侵害に対して，市町村が訴えることができる機関」である。行政裁判所は，「違法な国家監督庁の措置等に対して，市町村が訴えることができる機関」である(白藤博行『日田市訴訟鑑定意見書』(前掲注12）３頁)。

マインデは裁判所での自治行政権の防御（司法的（裁判的）救済）[17]，および他の機関への手続的参加の可能性が保障される。

ゲマインデは，基本法28条２項の自己責任性から，区域高権，組織高権，計画高権，財政高権，人事高権などの高権（Hoheits-recht）を有するとされる[18]。ただし，これらの権限は，他の機関の干渉を絶対的に排除しうるものではない。

⑵　ドイツ地方自治制度の保障

ドイツの地方自治制度は，制度的に保障されるというのが通説である。すなわち，ゲマインデは，基本法によって制度として保障されたものであるから，自治の核心ないし本質的領域を法律によって制限することはできないのである。しかし，1960年代後半から1970年代の「地方自治の危機」の時代，「ラント立法による区域改革および機能改革に対する制度的保障論の無力が現実のものとなった」といわれる[19]。そのような中，連邦憲法裁判所により下されたラシュテーデ決定（Rastede-Entscheidung）によって，制度的保障論は再構築される。従来，本質的領域以外の領域は，憲法上の過剰禁止原則などにより保障されるとされてきた。しかし，

⒅　①区域高権（Gebietshoheit）は，当該地域を代表する法人として行為能力を行使する権限をいう。②組織高権（Organisationshoheit）は，自己の機関の創設及び内部組織形成を行う権能をいう。③計画高権（Planungshoheit）は，ゲマインデの区域を自己の責任で秩序付け，形成するためのゲマインデの権利をいう（本書第３章第１節第５項⑶参照）。④財政高権（Finanzhoheit）は，予算について法律の範囲内に於いて自己の責任により収入支出を管理する権能をいう。⑤人事高権（Personalhoheit）は，人，特にゲマインデの公務員を選抜・任命・昇進・罷免する権能をいう。

⒆　白藤『日田市訴訟鑑定意見書』（前掲注12）12頁。

ラシュテーデ決定において，地方自治の核心領域（本質的領域）保障に加えて，周辺領域においても，「ゲマインデ優先の実体的事務配分原理」が適用されるとする。

ラシュテーデ決定以後も，地方自治の保障に関する制度的保障説の限界と機能不全が指摘されている。そこで，基本法28条２項の規範構造の明確化と体系化をはかるため，地方自治を主観法的地位の保障と解する「裁判の保護に値する地方自治」論（Justitiable Kommunale Selbstverwaltung）が登場する。M・ケントナー（Markus Kenntner）によると，連邦とラントにおけるラント優先の実体的事務配分原理の構造を，原則と例外との関係とし，基本法28条２項も同様に，ゲマインデ優先の実体的事務配分を定めたものとして，地域共同体の事項に関する原則と例外の基本決定であるとする。そして，ゲマインデの全権限性を手がかりに，立証責任配分内容（Beweislastverteilungsgehalt），つまり，「立法者が地域共同体事項にかかる規律を必要とするとき，その例外的事情を証明し，憲法が直接定めた基本決定を破ること」を正当化できる場合（公共の福祉など）にのみ必要な限りで認められるとする。また，この正当化されうる例外状況に関しては，裁判所によって完全に審査されなければならない（自治体の憲法異議（基本法93条１項１ｂ号）も同趣旨とする）。そして，「立法者による例外的な地方自治権の侵害は，ゲマインデの地方自治権と立法の必要性との比較衡量を不可欠とし，その意味で，比例性原理・過剰禁止の原則」に服すことになり，ゲマインデは「主観法的地位」を与えられるとする[20]。

基本法28条２項１文の事務権限配分は，「事務権限を配分され

---

(20) 白藤『日田市訴訟鑑定意見書』（前掲注12）15頁。

た権利義務主体のための保障領域・保護領域の構造的な位置関係」を，「憲法上の基本決定」として示したものであり，「憲法が自己責任的な事務執行を直接配分した管轄領域・権限領域を保護している」，すなわち「固有の法的地位を割り当てている」のである。このことは，「法的保護可能性や憲法裁判所への出訴可能性に関する基本法の規定に照らして明らか」である。また，憲法上の「法的地位に対する不必要な，過度な，または不適切な侵害は憲法の諸条件に反する」ため，事務権限を配分された権利義務主体は，「自らの事務領域に対する侵害への防禦可能性」を与えられる[21]。なお，比例性原理・過剰禁止原則は，基本権保護のものとする見解がある（ラシュテーデ決定はこの立場とする見解もある）。しかし，比例性原理・過剰禁止原則は，不必要，過剰，不適切な侵害に対する法的統制であり，また，基本権・地方自治は，共通して「国家との距離を確保し，その権力を制限することを目指している」から，地方自治の保障にも適用されうるとする[22][23]。

(3) 計画高権の理論とは

計画高権とは，ゲマインデの「区域を自己の責任で秩序付け，形成するための」ゲマインデの権利である。W・ロータース (Roters) によると，ゲマインデは，計画高権に基づき，ゲマイン

---

(21) 白藤『日田市訴訟鑑定意見書』（前掲注12）16頁。

(22) 白藤『日田市訴訟鑑定意見書』（前掲注12）17頁。

(23) 白藤博行教授は，鑑定意見書にて今回の地方分権改革が「行政権までの地方分権」にとどまると指摘する。そして，「立法権までの地方分権」，すなわち立法権の自治権への侵害に対する実効的な実務の確立（裁判上の保護・救済を含む）を喫緊の課題とする。その上で，日本の地方自治についても，憲法的保障の解釈に関して，「裁判の保護に値する地方自治」論の必要性を説いている。

デの「国土に関係する行為（Verhalten）の全体秩序を，財政上の確定を含めて，積極的・形成的に発展させる権限を包括」するとされる[24]。

ゲマインデの計画高権は，連邦建設法によって具体的に規定される。しかし，計画高権は基本法上の自治行政権保障の内容をなすものであり，法律による明示の承認を必要とするものではなく，地方自治権から直接生じる市町村の計画高権の存在も認められている。

W・ホッペによると，計画高権の内容として，以下の5つが挙げられる。すなわち，①自治行政保障の本質的内容を空洞化する法律の規制に対して，計画高権においてゲマインデを保護する，②ゲマインデの利害にかかわるすべての他の計画に対して，ゲマインデに参加権（Beteilungstrecht）をあたえる，③ゲマインデに対し，計画高権を侵害する違法な計画および認可に対する防御力（Wehrfahigkeit）とそれに相当する行政手続における地位をあたえる，④ゲマインデの計画の形成の自由とこの形成の自由が服する法的コントロールを考慮したゲマインデの計画権，⑤建設管理計画に関する法解釈についての解釈原理となることである[25]。

(4) 計画高権によるドイツ自治体の手続的参加権

計画高権は，「自治権保障の一環として，そして手続的参加権として」保障される[26]。連邦建設法1条4項により市町村は，上

---

(24) 中井勝巳「西ドイツにおける地方自治体の計画参加権の裁判的保障—連邦行政裁判所の判例から」立命館法学175号（1984年）75〜76頁。

(25) 宮田三郎「計画策定手続と市町村の参加—地方自治の拡充—」専修法学論集30号（1979年）36〜37頁。

(26) 白藤『日田市訴訟鑑定意見書』（前掲注12）4頁。

位計画への「適合義務」から計画高権を制限されることになり，その調整ないし補整（「下から上へそして同時に上から下へへの調整」）として，市町村の上位計画への参加権が考えられた（逆流の原則（Gegenstromprinzip））。

この上位計画への参加権は，「法律上の参加条項がなくても，憲法上の地方自治権の保障から，直接的に，上位計画への参加を主張することができる」とする。そして，上位計画に対する「地域的要求を代表する権限」，あるいは，「地域的要求を裁判上主張する権限」，そして，「自己の計画高権を違法に侵害しようとする計画に対する防御権」として具体化される。つまり，ゲマインデは，自治権の実体的な被侵害性とは別に，計画高権の法的効果に関連して，それぞれの許認可手続において，正式な(formell)手続的参加権が認められる（BvewGE 56, 110； BverwG, Urteil vom 20. Nov. 1987, NVwZ 1988, 731)。また，ゲマインデは，計画高権が「上位計画によって侵害されている状況，侵害されるおそれのある状況」にあることを具体的に示すことによって，裁判上で防御することができる。そして，ゲマインデは，計画高権を行使するにあたり，「事前の情報収集義務」を有し，かつ必要な限りで情報請求権を有する。

ゲマインデの手続的参加権には，ゲマインデの形式的な上位計画への参加機会の保障だけでなく，「地域的要求が実体的に考慮されねばならないという裁判的保障」が認められるのである(27)。

---

(27) 中井「西ドイツにおける地方自治体の計画参加権の裁判的保障—連邦行政裁判所の判例から—」（前掲注24）94～99頁。なお，具体的な手続保障のあり方に関しては，中井勝巳「西ドイツ国土計画法と地方自治体の計画参加手続条項」立命館法学162号（1982年）83頁以下参照。

〈コラム2〉 フランスにおける自治体の原告適格

フランスでは，1884年の市町村組織法（Loi sur l'organisation municipale）によって，自治事務（コミューン（市町村自治体）の利益すなわち純粋に地方的利益に関わる“自治的な地方警察事務”）に対する後見的監督（tutelle administrative, controle administratif）（日本のような行政指導監督ではなく行政処分監督）と機関委任事務（公共の衛生，安全および平穏の維持に関わる“国家的な地方警察事務”）に対する階層的監督（controle hierarchique）が区別され，前者につき自治体に取消を求める出訴資格（越権訴訟の原告適格）が認められ，自治体の原告適格が確立した。さらに，判例上，第三者訴訟のケースについても原告適格が認められるようになる（判断基準は費用便益衡量など）。また，機関委任事務に関しても，判例は，「コミューン固有の自治的警察権限を最大限尊重」するために自治事務を拡大し，国の官吏の資格ではなく，自治体の代表者として市長に出訴資格を認めるようになっている。本来，「国の事務なら国の地方出先の機関に直轄的に処理させ」るべきであり，「コミューンの長に委ねるのは事務処理に際して，地方的裁量の余地を認めたもの」と解されるからである（村上順『日田市訴訟鑑定意見書』（2002年）9頁）。フランスでは，自治体行政の適正を，国の監督とともに，市民の監視によって担保してきた。第三者住民（住民や各種住民団体）の原告適格の拡大により，第三者住民が「自治体の行政処分について，処分根拠規定違背を理由に，越権訴訟によって争うことができ，これによって，自治体行政の統制」をするようになり，自治体の原告適格拡大の裏付けとなった（村上順・前掲意見書7頁）。1982年の地方分権改革により，「①県・州の完全自治体化，②都市計画その他の大幅な権限委譲による自治権の拡充・強化，③後見的監督の廃止」が実現し，「共和国の統一性」を維持しつつも，世界標準の地方分権国家となっている。なお，自治事務への行政処分関与の廃止に伴い，「自治体が違法な行政を行う場合には，県における国の代理官が，２ヵ月以内に，直接（是正命令など行政処分関与抜きに），行政裁判所（地方行政裁判所→コンセーユ・デタ）に越権訴訟を提起する」仕組みになった（手続法的権力性（公定力）の自治体への移行）。機関委任事務は，「自治体がその処理を誤る場合には，国は行政処分関与によって，その是正を求め，代行権を行使する」ことになった（村上順・前掲意見書８～９頁）。

⑸ 計画高権による司法的（裁判的）救済

ゲマインデの原告適格は，「基本法28条２項で保障された自治権およびそれと結びついた計画高権」からほぼ認められてきた(28)。また，計画高権による手続的参加権から，ゲマインデの原告適格が原理的に承認されている。つまり，ゲマインデの原告適格は，計画高権によって基本法28条２項から直接認められるのである。特に，専門計画（Fachplanung）の決定の取消については，「自治権および自治権から導き出される計画高権」から，ゲマインデの取消権限が承認されてきた。そして，「ゲマインデの法的地位（Rechtsposition）が実際に侵害されているかどうかの問題は，むしろ訴えの理由づけ（本案審理）の問題である」とされてきたのである(29)。

それでは，計画高権に基づく取消訴訟の原告適格はどのような場合に認められるかについて検討しよう。取消訴訟の原告適格は，行政裁判所法42条２項に規定される。ここで，取消訴訟の原告適格の要件として，「権利侵害（Rechtsverletzung）」が必要とされ

(28) 白藤『日田市訴訟鑑定意見書』（前掲注12）４頁。
(29) 白藤『日田市訴訟鑑定意見書』（前掲注12）６頁。

る[30]。

「取消しを請求された計画決定が市町村の法的地位を直接に侵害する場合」は，一般に原告適格が認められよう。しかし，「事実上の侵害のみ」の場合，原告適格を認めることが困難になる。そこで，原告適格の認定について，「当該計画決定にあたっての関係市町村の計画利益の要考慮事項性，すなわち市町村の当該計画利益の考慮が実体法上要求されているか否かの見定め」と「市町村の『計画高権』侵害の事実に関する具体的主張」を要件として掲げる。なお，計画高権以外の「権利侵害」については，「行政行為の第三者による取消訴訟の一般的な出訴資格要件として，関係法規が当該第三者の権利・利益をも直接保護する趣旨と介されるかぎり」ゲマインデもこの第三者保護的規範を援用して関係「権利侵害」を主張できるとする[31]。

そもそも，ドイツでは，「実体的に保障されるすべての権利には出訴可能性が保障されねばならない」とされ，「手続法的・訴訟法的権利救済が保障されないところの実体的権利保障が無意味」であることからも，「異なる法主体としての国とゲマインデとの間には『外部法律関係』性が認められ，司法的救済は自明の事柄に属する」とされる[32]。

---

(30)　「権利侵害」の「権利」（公権（subjektiv-öffentliches Recht））の解釈について，通説は立法者の主観意思を重視する（保護規範説（Shutznormtheorie））。しかし，近年，基本権が法律による権利状態を補足し（基本権の規範外部的効果（normexterne Wirkung），明らかにする（基本権の内部的効果（norminterne Wirkung））効果を公権の解釈に適用する学説（新保護規範説）が登場し，自治体の原告適格は拡大する傾向にある。

(31)　白藤『日田市訴訟鑑定意見書』（前掲注12）４～５頁。

ドイツにおいては，基本法による自治体の自治権の保障がより充実した方向へ向かっている。また，少なくとも，自治権および計画高権の侵害に関しては，ゲマインデの原告適格を認める傾向にある。加えて，保護規範説を補う新保護規範説の登場により，自治体の原告適格はより拡大されて解釈されるようになっている。

第２節　「まちづくり権」と「地方自治の本旨」

本節では，「まちづくり権」とはどのような権利なのかについて，自治権の歴史を参考に，憲法上の自治権，自治体の担う役割や総合計画をもとに検討していきたい。本件訴訟を検討する上でも，自治体の「まちづくり権」がきわめて重要な位置を占めている。

第１項　自治権の憲法的保障の歴史をたどる

歴史をひもといたときに，現行憲法において保障されている制度や権利が，当該の国の事情によって，さまざまに扱われてきたことが分かる。

たとえば，「裁判の公開」は，わが国では，司法制度という統治機構を扱った憲法第６章に置かれている。しかし，国によっては，基本的人権の中の１つとして，裁判の公開を扱っている国が珍しくない(33)。すなわち，重要な権利が憲法の各章のどこで保障されているかは，その憲法の成り立ちなど歴史的事情に相当左右されているのである。

---

(32)　白藤『日田市訴訟鑑定意見書』（前掲注12）19頁。

(33)　渡部保男・宮澤節生・木佐茂男（ほか）『テキストブック現代司法〔第４版〕』252頁参照。

地方自治の権利についても同様である。歴史的にみたとき，自治体は最初からあったわけではない。まず，さまざまな規模の住民・市民の集団・組織が，自治体という形をとることなく未分化の状態で存在していた。確かに，近代立憲国家においては，自治体は，アメリカなどを例外として，統治の区画として国土の全体が基礎自治体，広域自治体というように整然と区割りされている場合が多い。だが，歴史が教えるところによれば，必要に応じて，宗教的結社（例，イギリスのパリッシュ＝教区）として，あるいは住民の共同事務処理組織として，必要な公共事項（公共事務）を管理する組織として発展してきた。そして，基礎自治体の自治権を獲得するために市民革命の中で血を流すという歴史もあった。このようなところでは，基本的人権（ドイツ流では基本権）として，自治権が憲法上，明定された時期がある（1848年の「三月革命」直後のドイツ国民議会)。ここでは，民主派と称されるグループは，まずは基礎自治体の財産権が中心ではあったが，今の行政執行権（旧・地方自治法でいう権力的な行政事務）に相当するといえる地方警察権も含めて，その国家や上級自治体による侵害を裁判ないし裁判類似の争訟で争えるしくみを考えていたのである。

このように，ドイツ国民議会は，まず，基本権（基本的人権）として，自治体の権利を保障したのである。そのような系譜に連なるのが，第一次大戦後の1919年に制定されたワイマール憲法127条の地方自治保障規定である。やはり，人権保障規定の中に，地方自治保障規定が置かれていた。

以上のような経緯をふまえると，わが国の地方自治保障規定は，確かに第８章を中心とする統治機構の中に位置付けられているが，**歴史的**には，その内容に，住民の福祉につながる諸権利を内在させていると解釈することができるであろう。そして，この歴史に照らせば，実際上期待される役割からしても，自治体を住民の諸権利の代弁者としてとらえることができるのではないだろうか。以下では，住民の権利と自治体の関係について**法的**に検討し,「まちづくり権」の根拠について探ってみたい。

第2項　住民の「まちづくり権」と自治体の「まちづくり権」

住民は，基本的人権として，快適な環境で生活をする権利を有している。その実現のため，より暮らしやすいまちをつくる権利があるといえる。それは,「まちづくり権」ということができ，幸福追求権（憲法13条）の1つとして位置づけられる(34)。

まちづくりは，個々の住民の力によって実現できるものではなく，地域全体の取り組みがあってはじめて実現するものであり，公共的な価値，性質をもったものである。したがって，まちづくりの主体は，隣組，隣保組織，町内会，連合町内会といった身近な自治組織から，基礎的自治体である市町村へと，より広い範囲のものとして捉えられるようになる（もっとも，ここではこれらの既存の組織の現状をすべて肯定･評価しているわけではない)。主張したいのは，住民のまちづくり権も，個人の権利から集団の権利，身近な自治組織の権利から基礎自治体の権利へと，個人の権利が統合された集団として自治体が有する一個の権利として位置づけられ，そうして，まちづくり権は，住民のまちづくり権の統合体である「自治体のまちづくり権」として，自治権の一部として捉えられることになるのでは，ということである(35)。

---

(34)　その根拠は，本章第3項で詳しく述べる。

(35)　ロテックは，ゲマインデは，成員の利益の自然共通性と固有権に基礎を置き，それに一種の公権力団体的性格を承認して，これを国家としたがって，まちづくり権は，自治体も有し，そしてそれを行使することができると考えられる。しかし，そのことから直ちに，自治体に裁判上主張できるまちづくり権が常にあると考えることはできない。とりわけ，具体的訴訟において，自治体のまちづくりに対する侵害があったかどうかが審理対象になるためには，まちづくり権が「法的に」自治体の権利として認められていなければならない。では，その柱なり，具体的根拠となるものは何であろうか。

第３項　「まちづくり権」と「地方自治の本旨」

そもそも，なぜ個々の住民がもつ「まちづくり権」を自治体の「まちづくり権」としても捉える必要があるのだろうか。

確かに，住民それぞれのまちづくり権が侵害されたときに，それらの住民は法的な救済を求めることができる。しかし，まちづくり権が侵害されたからといっても，実際にその救済が認められるのは，ごく限られた範囲である（騒音や汚染といった住民の生活権侵害をもたらすおそれのある施設建設の許可処分をめぐり近隣住民が争った事例の多くは，法律上の利益がないとして原告適格が否定されていることを想起してもらいたい)。また，まちの景観，イメージを損なうという理由で争う場合，たとえそれがそのまちの利益

同一のものとしてとらえた。木佐茂男「プロイセン＝ドイツ地方自治法理論研究序説㈠─「地方警察」権の分析を中心とした国家とゲマインデの関係」『自治研究』54巻７号（1975年）117〜122頁。このロテックの理論は，住民の権利を自治体（ゲマインデ）が代弁することの根拠を示したものともみることができる。約二百年ほど前に唱えられた理論であるが，国民主権，住民自治の観点から再構成しようとする現代の地方自治に関する学説にも通ずるものがあり，興味深い。

を損ねるものであったとしても，景観の美しさやイメージという抽象的なものは，住民の享受する具体的な権利として捉えるのは非常に難しい。

一方，自治体は，地域全体をカバーしたまちづくりの指針である総合計画を策定し，継続的にまちづくりを行っている。総合計画は，そのまちの特徴を生かしながら，これからどのようにまちをつくっていくかについて，指標となる基本構想，計画の柱となる基本計画という形に明文化されている。それは，住民の意思に基づいた，まちづくり権をどのように行使するかについての具体的な宣言である(36)。したがって，総合計画は，住民の権利保護をより実効的にする観点から有効であり，侵害法益を自治体のまちづくり権の侵害と捉えることによって，より救済されやすい状態を作ることができる。また，訴訟の遂行という事実上の面からいっても，自治体に権利行使を認めた方が，住民にとって利益となるのである。

(1)　憲法的観点から「まちづくり権」を考える

①　「まちづくり権」と「地方自治の本旨」

憲法第8章で自治体に対して各種自治権が付与されることは前述のとおりである(37)。これらの各種自治権によって，自治体はその区域において，国から一定程度独立した形で地域運営を行うことができる。たとえば，「自治立法権」に基づいて条例を制定し，「自治行政権」に基づいて自治体行政を執行することができる（憲法94条）。この自治権の保障は，通説ではいわゆる「制度的保障」

(36)　総合計画における住民参加の意義については，本書第4章第4節参照。

(37)　本章第1節第1項参照。

と捉えられる。したがって，これら第８章の規定から，自治体に何らかの個別具体的な施策を行う権利が直接に導き出されるものではない。

しかし，通説をあまりに形式的に解釈することによって，自治体の持つ自治権を形骸化させるようなことがあっては，憲法において「地方自治」を保障した意図を看過することになりかねない。すなわち，中身の全くない，自治体という「器」だけの保障は，憲法の意図に沿うものではない。

「まちづくり権」は自治権行使の基礎づけという性格を持つものであり，「自治権」の実質的内容を象徴するものである。内容の伴わない「自治権」は意味を持たず，また憲法上保障された「自治権」の後ろ盾を受けない「まちづくり権」もあり得ない。すなわち，憲法第８章の自治権保障は，「まちづくり権」の概念を伴うことによって，より実質的なものとなる。このような意味から，「まちづくり権」は「自治権」と同等の保護を受けるべきもの，すなわち「制度的保障」説における「地方自治の本旨」の核心部分に相当するものだといえよう。

②　幸福追求権（憲法13条）から導かれる住民の「まちづくり権」

ここで，住民の快適に生活する権利を実現する権利であるまちづくり権が，憲法13条にいういわゆる「幸福追求権」から導き出される根拠について詳しく述べたい。

憲法13条「幸福追求権」については，過去にその具体的権利性の有無について諸説の対立があった。しかし，社会の変化に伴って憲法15条以下に例示された人権規定以外の権利を保護する必要に迫られたこともあり，「幸福追求権」の具体的権利性を包括的・補充的な形で肯定する見解（補充的保障説）[38]が通説の位置を占めるに至った。すなわち，憲法15条以下の個別的人権規定によって保護し得ない権利に限り，「幸福追求権」の保障が適用されうるというものである。さらに，「幸福追求権」に具体的権利性を認めるとして，その内容をどのように決定するかについても争いがある。本書では「個人の人格的生存に不可欠な利益を内容とする権利の総体をいう（人格的利益説）」[39]と捉えることにする。また，芦部教授は「幸福追求権」を認める基準として，「①特定の行為が個人の人格的生存に不可欠であることのほか，②その行為を社会が伝統的に個人の自律的決定に委ねられたものと考えているか，③その行為は多数の国民が行おうと思えば行うことができるか，④行っても他人の基本権を侵害するおそれがないかなど，種々の要素を考慮して慎重に決定しなければならない（番号は，便宜上執筆者が付した）」としている[40]。

このような「幸福追求権」の捉え方を前提として，「幸福追求権」に基づいた自治体住民の新たな権利を認めることができるであろうか。日本国憲法は，統治機構の観点から「住民自治」の原理（93条）を認めている。しかし，先に指摘したように，歴史的にあるいは比較法的には，この「住民自治」の規定は人権保障規定として位置づけられている場合もある。その場合，「住民自治」は自由権としての国家や君主の介入を許さない権利として捉えられてきた歴史がある。したがって，「住民自治」は，「統治機構」とともに「人権保障」の視点を踏まえることが不可欠である。

しかし，日本国憲法下における「住民自治」についての従来の

---

(38)　芦部信喜『憲法〔新版補訂版〕』（岩波書店，1999年）115頁。

(39)　芦部『憲法〔新版補訂版〕』（前掲注38）。なお，浦部法穂『〔新版〕憲法学教室Ｉ』（日本評論社，1996年）50頁も同旨。

(40)　芦部『憲法〔新版補訂版〕』（前掲注38）116〜117頁。

議論は,「統治機構」論の域を出ていないように思われる。以上を踏まえた上で，主権者としての住民の立場や，地方分権改革に象徴される地方自治行政の重要性に鑑みて，基本的人権として住民に何らかの権利を認めることも必要ではないかと思われる。すなわち，**自らの住む地域のあり方を自らが決定する権利**ともいうべきものである。

このような権利を「幸福追求権」として認めることができるかについて，前述の芦部教授の基準に照らし合わせてみよう。①および③については，社会変化に伴って,「質」的に良好な地域に暮らすことも人格権たる価値を有するものであるし[41]，主権者としての住民の地位からみても該当するといえよう。また②については，住民個々人の法益が僅少であるため，問題もあるように思われる。これを克服するため,「まちづくり権」という概念が現れるのである。なお，④については,「まちづくり権」の限界の問題として，本章第３節において検討する。

⑵ 自治体に求められている役割と自治体の存在意義

① 自治体に求められている役割

自治体が存在する理由は,「住民の人権・権利を保障すること(自治体の公共性)」にある[42]。地方自治法においても，自治体の役割を「住民の福祉の増進を図ることを基本として，地域における行政を自主的かつ総合的に実施する」(１条の２第１項)ことだと宣言している。ここで「住民の福祉」とは,「住民の利益または幸福

⑷1 近年，自治体政策の軸足がハード面からソフト面に移行しつつあることは多方面で指摘されるところである。一例として，松下圭一『日本の自治・分権』(岩波新書，2000年) 151頁以下参照。

⑷2 木佐茂男編『自治体法務入門〔第２版〕』(ぎょうせい，2000年) 25頁。

を一般的にいう」ものであるとされる。また，この条項は「地方公共団体が，地域における行政について，第一次的な担当団体であることを示そうとしたものであ」り(43)，地方分権推進法4条の「住民に身近な行政は住民に身近な地方公共団体において処理する」という原則に則ったものである。

それでは，より具体的には，自治体の担う責務はどのように定められているのだろうか。地方自治法によれば，「地域における事務及びその他の事務で法律又はこれに基づく政令により処理することとされるもの」（2条2項）を，「第五項において都道府県が処理するとされているものを除き，一般的に」（2条3項）処理することが，基礎自治体である市町村の責務とされる。また，上述の地方分権推進法4条で，いわゆる「補完性の原則」が宣言され，これが地方自治法改正に際して新法に盛り込まれた。

たとえば，兼子仁教授は分権推進法に書かれている「住民に身近な行政」を「日常の住民生活に直接かかわる行政」と説明している。そしてその例として，①住民記録サービス，②日常的な「公の施設」の設営，③上・下水道や交通等の地方公営企業，④地域の社会保障，⑤各種の生活助成金，⑥人身安全保障，⑦環境整備・街づくり，を挙げている(44)。このうち本件日田市訴訟においては，④地域の社会保障，⑥人身安全保障，⑦環境整備・街づくり，が重要な関わりを持つと思われる。

② 拡大する自治体の役割

自治体の存在理由が，住民の人権・権利保障にあることは前述

(43) 室井力・兼子仁編『基本法コンメンタール地方自治法〔第4版〕』（日本評論社，2001年）15頁（浜川清執筆）。

(44) 兼子仁『新地方自治法』（岩波新書，1999年）146～147頁。

した。すなわち，住民が権利侵害を受けたとき，自治体はそれをできる限り救済する必要がある。しかも，現代における住民の人権・権利は，憲法第３章以下に挙げられる，いわゆる「人権のカタログ」に例示されるような単純なものだけではない。プライバシー権に代表されるように複雑化するとともにその領域を拡大している。それに伴って，必然的に自治体の責務の範囲もまた拡大しているのである。しかし，現実に合ったかたちで自治体に権限が付与されているとはいい難い状況であることもまた事実である。

実際に，今から30年ほど前の首都圏やその他の大都市圏では，公害や乱開発に伴って住民の生存権侵害ともいうべき事態が相次いで引き起こされた。なかでも東京都武蔵野市において，マンション開発によって近隣住宅の日照が奪われるという問題が発生した事例はよく知られている。ここではこの例を紹介しながら，本件日田市訴訟との類似点を考察してみよう。

当時の武蔵野市は低層の一戸建て住宅がほとんどを占める静かな住宅地であった。しかし，都心に近い地域においては1960年代から中高層マンションの建設ラッシュが始まっていた。武蔵野市にもこのようなマンション開発の波が押し寄せてきており，市は「宅地開発指導要綱」(45)（なお，1996（平成８）年４月１日付で全面改正されている。）を策定して乱開発を抑制しようとした。この要綱は，当時乱開発への対応を迫られていた各地の自治体で盛んに策定されていた要綱と同様の特徴をもったものであった。すなわち，開発に際して日照についての周辺住民の同意を必要としていたこと，要綱が遵守されない場合は上水道供給に協力しない旨の規定

(45)　正式には「武蔵野市宅地開発等に関する指導要綱」（1971（昭和46）年10月１日施行。

をもっていたこと，公共施設設置のための負担金を課していたこと(46)等である。

しかしながら，これらの規制は法的拘束力のない要綱を根拠としており，業者に任意の協力を求めるものであった。このため，マンション開発ラッシュの流れの中，開発業者側が要綱に従わないケースが現出した。これらのケースは，建築基準法等法律的には問題がなかったが，日照への影響や風害，電波障害等を原因に既存住民から反対されていた。こうした，既存住民およびその請願を受けた市と大規模マンションの開発業者との紛争は激しさを増していく。実際，このような住環境悪化や「宅地開発指導要綱」に関する紛争について，53件の請願・陳情が既存住民，マンション住民，開発業者等から寄せられ，計13件もの訴訟が提起されている(47)。この訴訟件数からも，当時の紛争がいかに激しいものであったかが想像されよう。

これらのうち要綱行政について大きな影響を与えた訴訟に，いわゆる「水道法違反事件」(48)がある。東京高裁は，要綱を遵守させるために水道法15条の定める給水拒否事由である「正当な理由」があるとして，要綱所定の手続を踏まないマンションへの上水道給水を拒否した市長の行為について次のように判示した。すなわち「(水道法の目的とは異なる——筆者注) 他の行政領域の要請を達

---

(46) それぞれ，「武蔵野市宅地開発等に関する指導要綱」(前掲注45) 2−3および4−1，5−2，3−5。

(47) 武蔵野百年史編さん室編『要綱行政が生んだ日照権—宅地開発等に関する指導要綱の記録』(武蔵野市，1997年) 498〜501，504〜511頁。

(48) 東京高判昭60 (1985) 年8月30日および最決平元 (1989) 年11月8日判例時報1328号16頁。なお，これらの司法判断は市長を被告人とする刑事事件であることに注意。

〔写真１〕　全国的に最も有名になった行政指導要綱事件のマンション。右側。武蔵野市で2001年に木佐撮影

成するため或いは同領域における違法是正のため，水道法所定の強制手段を利用することは，その本来の趣旨に反するもの」であり許されないというのである。

しかし判決は同時に，「本件指導要綱は，運用宜しきを得れば，武蔵野市における当時の実情からして一応時宜に適した有用性を備えており」と要綱自体の存在意義を認めた。さらに「被告人（武蔵野市長――筆者注）が関係法令を欠いていたこの時期において，市長として指導要綱の実効性を保持し，可及的に住民の日照保護を図り，紛争の円満解決に当たらねばならなかったその立場に対する諒察を決して惜しむものではない」と，法的に裏付けられていない事項にまで対応せざるをえない市長の立場に配慮さえしている。

この「水道法違反事件」は，自治体（および首長）が自身の存在理由を認識し，住民の権利侵害を救済しようとした結果起こった事件だといえよう。そこには，法令の不備や抜け穴に対して，工夫を重ねることでなんとかして住民を守ろうとした自治体の姿が浮かび上がってくる。そしてそれと同時に，住民生活に関わる自治体の責務が，法定されていると否とを問わず，非常に幅広いものであることも読み取ることができよう。

③　法的に不備な自治体の役割

武蔵野市の事例と本件日田市訴訟とを比較すると，いくつかの類似点を読み取ることができる。まず１点目に，住環境の保全や地域における紛争の調整に自治体が尽力している点である。２点目に，このような紛争を惹起し住環境を悪化させるとされる施設が，建築基準法等の法律上は問題のないものだということである。最後に，法的に問題のない開発で自治体に権利義務の変動を及ぼさないからといって，住民や自治体に対し必ずしも悪影響与えないとはいえない，ということである。

自治体の責務は，住民の人権・権利を守るために非常に広範に及ぶものである。それは，法律で定められた事項はもちろんであるが，「地域における行政について，第一次的な担当団体である」(49)という言葉に表されるように，現実には法律上カバーされていない事項にまで及んでいる。すなわち，法律上の権利義務の変動に関わりなく自治体の果たす役割が存在するということである。良好な住環境の保全や都市のイメージの保護などは，まさにその好例だといえよう。

さらにいえば，自治体職員の全てはその職務行為に就くにおい

(49)　室井・兼子編『基本法コンメンタール地方自治法〔第４版〕』（前掲注43）15頁（浜川執筆）。

て，主権が国民に存すること，憲法を遵守擁護すること，地方自治の本旨を体すること，全体の奉仕者として職務に就くことを宣誓・署名することが求められている[50]。また自治体の政策を主に決定する立場である首長や議会・議員についても特別職の公務員であり，ほぼ同趣旨の義務が求められていると考えられる。当然これはその自治体の区域の住民に対する宣誓であり，それが実質的内容を持つためには職員の総体である自治体そのものが住民の人権・権利を擁護するために何らかのアクションを起こすことを認めるものでなければならない。

そのような状況にもかかわらず，法的権限の不備のもとで行う自治体の施策は司法判断の場では不利な立場におかれている。これは,「法律による行政の原理」の観点からいえば当然のことだとする評価も可能である。しかし同時に，法律で保護しきれない問題を解決する手段としての自治体の施策が，対外的な効果という面では難点があるわけであり，そこで，このような弱点を克服する方策が採られることとなる。

⑶ まちの基本指針―自治体総合計画

① 自治体総合計画とは

自治体総合計画は，1969(昭和44)年の地方自治法改正により新設された制度で，一般的に「基本構想」「基本計画」「実施計画」の3層から成り立っている。地方自治法2条4項には，「市町村は，その事務を処理するに当たつては，議会の議決を経てその地域における総合的かつ計画的な行政の運営を図るための基本構想を定め，これに即して行なうようにしなければならない」と定められている。基本構想はこの条文を根拠として市町村に策定が義

---

(50) 木佐茂男編『自治体法務入門［第2版］』(前掲註42)。

務づけられるものである[51]。そして，市町村長が基本構想を具体化する形で基本計画を定め，さらに基本構想および基本計画を具体化するため，財政計画的要素をもつ実施計画を策定する。

「総合計画は，行政の縦割りを取り払い，自治体全体を総合化して，共同して事に当たる地域経営の手段」である。そして，「地域の持続的な発展を可能にする長期的な課題を考え，欲望が無限に膨張するのを抑制する手段」，「地域の矛盾衝突を減少させる方法」として活用すべき，とされている[52]。また，金田昌司教授も「地域問題の解消に向けての努力(マイナスの解消)と同時に，より快適な地域社会づくり（プラスの増加）の両面の要請に基づいて，総合計画が必要となってくる」と，その重要性を述べている[53]。

なお，一般的に用いられる「総合的な」性格の「行政計画」と区別するため，以下本節においては，基本構想，基本計画，実施計画の３つを合わせて「自治体総合計画」と呼ぶことにする。また，すべての都道府県でも基本構想が策定されているが，都道府県には基本構想策定の法的義務はない。よって以下本節においては，「自治体」とは市町村を指すものとして考察を進めていく。

② 自治体総合計画は法的にどう位置づけられているか

このように自治体総合計画は，地域をどのように運営していくか，換言すると，自分たちの「まち」をどのように「つくっていく」のかという「まちづくり」の将来像を総合的に描き出すものである。したがって自治体総合計画は，自治体が法律や条例を適

---

(51) 日田市の基本構想および自治体総合計画と住民自治・住民参加については本書第４章参照。

(52) 田村明『自治体学入門』(岩波書店，2000年）100頁。

(53) 金田昌司「市町村総合計画とまちづくり」金田昌司・疊昭吉・出井信夫編『地方自治体の経営計画』(中央経済社，1983年）６頁。

〈コラム3〉 自治体総合計画の沿革

自治体総合計画は，1969（昭和44）年に行われた地方自治法の改正によって設けられた基本構想に関する規定に端を発している。以後，多くの自治体でそれに基づいた基本構想，基本計画，実施計画を内容とする総合計画の策定が進められた。1991（平成3）年の時点で全国の97％の自治体が総合計画を策定しており，特に都道府県については全てが総合計画の策定・改訂を行っている

用してその自治体固有の施策を行うか否かを判断する基準となる。その意味では，自治体総合計画は理論上自治体における最高規範性を持つという言い方[54]もありえよう。

しかし，その中心となる基本構想は，法律に基づいて地方議会の議決を経て定められるものの，それ単独では裁判規範にはならないとされている。判例は「地方自治法二条五項（1999年改正後は4項――筆者注）に定める基本構想の趣旨は，各種法規に定められた関連の計画との調整の基準ともなるような，市町村の運営，施策についての総合的で長期的計画的な施策方針を定立することにあり，基本構想が個々の施策に対して法的拘束力を有することまで定めたものではない」[55]と判示している。

したがって，基本構想の実効性を担保する手段として，自治立法として法律に準ずる位置づけをされている条例の制定が必要と

(54) 岡田行雄「自治体総合計画のなかで自治立法をどう位置づけるか」木佐茂男編『自治立法の理論と手法』（ぎょうせい，1998年）84頁。また，自治体の自主解釈権については本書第3章第1節第4項参照。

(55) 浦和地判平8（1996）年12月16日行集47巻11～12号1183頁。

なる。以下,「自治体総合計画」を活かす「条例」の重要性を示す事例として「伊丹市パチンコ店規制事件」[56]について考察する。

③ 条例による実効性の担保

兵庫県伊丹市は,大阪近郊の住宅地に位置している。同市では,1972（昭和47）年以来「伊丹市基本構想」および「伊丹市総合計画」という2次にわたる基本構想に基づいて,住宅環境の保全を重視した市民文化都市を目指して,まちづくりを行っていた。また,まちづくりの一環として,良好な教育環境の保持を目的とした「教育環境保全条例」[57]が制定,施行されていた。

本来,風俗営業を行う上での規制は,風俗営業法および同法施行兵庫県条例[58]（以下,合わせて風営法等という）による。しかし,この「教育環境保全条例」には,風俗営業を目的とする建築物の建築に対して,風営法等よりも厳しい立地規制を課する規定が盛り込まれていた。本件土地は,風営法等によれば営業可能な土地であった。しかし,市は「教育環境保全条例」に基づいて風俗営業のための建築に同意しなかった。このため,業者が不同意処分の取消を求めて出訴したという事例である。1審神戸地裁は市側勝訴の判決を下し,2審大阪高裁もこれを維持した[59]。

---

(56) 神戸地判平5（1993）年1月25日判例タイムズ817号177頁および大阪高判平6（1994）年4月27日。

(57) 正式には「伊丹市教育環境保全のための建築等の規制条例」（1972（昭和47）年伊丹市条例8号）なお,本件においては1985（昭和60）年改正後のものが問題となった。

(58) 正式には「風俗営業の規制及び業務の適正化等に関する法律」および「風俗営業の規制及び業務の適正化等に関する法律施行条例」。

(59) 神戸地判平5（1993）年1月25日判例タイムズ817号177頁および大阪高判平6（1994）年4月27日（前掲注56）。

本件における重要な論点は，「条例による財産権規制の可否」や「法律と条例の関係」であろうと思われるが，本書のテーマと離れるためここでのそれらへの言及は避ける。ここで注目すべきことは，判決における「基本構想」の扱いである。神戸地裁は，基本構想を「同市（伊丹市――筆者注）がこれから実施していくあらゆる施策の方向づけをしめすもの」とした。そして，構想の中で「将来像を実現するための施策」として，「ゆとりある良好な住宅，住環境を確保」すること，「家庭，学校，地域社会の相互協力のもとに健全な青少年の育成をはかる」ことが記されていたことを指摘した。その上で，「教育環境保全条例が制定された昭和四七年に，伊丹市では，時期を同じくして，市の基本構想を制定し，良好な環境の下での豊かな住宅都市の建設という市の将来像を提唱したこととあいまって」，教育環境保全条例が「青少年のために良好な教育環境を保持しようとする目的で制定された」ものと推認できる，と判示したのである。さらに運用面においても，教育環境保全条例は「地方自治の本旨に則り，地方公共団体の事務に属する街づくり政策の一貫として制定され運用されている」とした(60)。

このことは，主として風営法等の目的と教育環境保全条例の目的の関係という争点に関して判断されている。しかし，教育環境保全条例の目的が明確に認定された背景に，基本構想（「自治体総合計画」）の存在があったことは明らかである。条例や政策遂行のバックボーンとして，また万一訴訟になった場合に行政運営の一貫性を示す証左として，「自治体総合計画」の重要性は非常に大きいといえる。

---

(60)　神戸地判平５（1993）年１月25日判例タイムズ817号177頁（前掲注56）。

第３節 「まちづくり権」とは何か

本節では，まちづくり権とはどのような権利なのか，その定義，効果，そして限界についてなど，その権利の具体的内容について検討する。

第１項 「まちづくり」とはなにか

まちづくり権がどのような権利であるかについて検討する上で，「まちづくり」とは，どのようなことをいうのかについて，具体的にみておく必要があろう。

そもそも「まちづくり」とは多義的な言葉である。ある時は建物や道路などのハード面から用いられ，またある時は自治体のあるべき姿や性格を示すソフト面から用いられる。田村明教授は，「『まちづくり』とは，一定の地域に住む人々が，自分たちの生活を支え，便利に，より人間らしく生活してゆくための共同の場を如何に作るかということである」と定義した上で，共同の場（まち）が物的なモノに加えてヒトの働き，シクミからもできていると述べている。そして，「つくる」対象としてのヒトとモノをさらに分類し，「⑴モノづくり，⑵シゴトづくり，⑶クラシづくり，⑷シクミづくり，⑸ルールづくり，⑹ヒトづくり，そして，⑺コトおこし」の７つをあげている(61)。このことからも，「まちづくり」の内容が多義かつ広範囲にわたるものであることが分かる。また，本間義人教授は，「まちづくりとは単に道路をよくするとかホールをつくるとかではなくて地域住民の生活に関わるすべての部面を

(61)　田村明『まちづくりの発想』（岩波新書，1988年）52～54頁。

豊かなものにするのを目標にした総合的なものでなければならない」と述べている[62]。本間教授の主張は前述の田村教授の著述とほぼ同旨のものであり，自治体の公共性や自治体総合計画と「まちづくり」の密接不可分の関係を示唆するものである。

さらに田村教授は，まちづくりの基本的発想として「①人間環境の思想，②市民自治の思想，③総合的主体性の思想，④地域個性確立の思想，⑤継続的創造性の思想，⑥実践の思想」を，豊富な実例紹介とともに著している[63]。紙幅の関係から詳細に立ち入

〈コラム4〉「まちづくり」の変遷

1960年代に「都市づくり」という名称が地域の発展計画のタイトルとして使用され始めた。それまで「……計画」として表わされていた自治体の提案を，より市民自治の主体として自治体が市民に提案する，というものとして表現する目的があったとされている。その後「町づくり」「地域づくり」という名称が一般化し，各地で用いられるようになってきた。それに伴い，建設物などの社会インフラ整備という意味よりもソフト面を強調した地域計画として平仮名の「まちづくり」という言葉が1980年代以降用いられるようになった。田村明『まちづくりの発想』(岩波新書，1987年) 参照。

---

(62) 本間義人『まちづくりの思想ー土木社会から市民社会へ』(有斐閣，1995年) はしがき2頁。なお，本間教授は同頁で「街づくり」という言葉にはハード面に傾斜した様相が強いため，ソフト面を考慮して，あえて「まちづくり」という言葉を使った，としているが，本書における「まちづくり」という言葉も同様の趣旨で用いている。

(63) 田村『まちづくりの発想』(前掲注61) 118〜166頁。

ることはしないが，そこでは「まちづくり」における地理的個性や歴史・伝統，思想の重要性が挙げられている。

このように，「まちづくり」とは非常に多義的な言葉であるが，本書においては以上のような意味で用いている。

第２項　「まちづくり権」の定義

「まちづくり権」という言葉は，本件日田市訴訟において原告によりはじめて用いられたものである。そこには，ドイツにおける市町村の権利を念頭に，日本における自治体の権利のうち「まちづくり」の要素となるものをまとめたものという意味合いがあるものと思われる。実際，本件訴状において原告は，「まちづくり権」を象徴するものが「基本構想」（「自治体総合計画」）であるとし，さらに具体的内容として「基本構想」に挙げられている生活環境や福祉・健康，教育・文化等を想定している[64]。

その上で，本書においては「まちづくり権」について独自の定義を用いることとしたい。本書は「まちづくり権」を，**「そのまちがそのまちであるための権利」**と定義する。この定義は，「まちのアイデンティティ（identity）」を尊重するという発想のもとに提起されるものである。

たとえば，「人口６万人余りの地方都市」は，全国にいくつもあるであろう。しかし，杉の美林に囲まれた水郷で，天領として経済の中心であったという歴史を持ち，多くの文人を排出した文教都市であり，住民の，そして外部の人間の多くがそのようなイメージと実態を想い起こせる都市が他にいくらあるであろうか。すなわち，イメージ，歴史，実態などのひとつひとつが「まち」

---

(64)　原告側準備書面（第１）16〜20頁参照。

を形作っているのであり，それら全てが「まちのアイデンティティ」となっているのである。

第３項 「まちづくり権」を構成するもの

(1) 「まちづくり権」を構成する３要素

まちづくりは，非常に広い活動である。その広い活動の中にも，「そのまちがそのまちであるために」基礎となるものが存在する。それは，「まちのイメージ」，「地域の現実・実態」，「市政運営」である。

「まちのイメージ」とは，それぞれの地域のもつイメージなどを指す。イメージには，「水郷」，「森林都市」，「旧都」といった自然・歴史に関するもの，祭，先進的な環境保護活動といった独自のイベントや活動に関するもの，リゾート地域といった価値的なものなど幅広いものがある。次に，「現実・実態」とは，地域の現実の姿を指す。具体的には，住宅街を形成している，子供の多い文教地域であるなどをいう。そして，「市政運営」とは，まちづくりに関する事項を中心とした自治体の実際の市政活動をいう。これらは，まちづくりに不可欠な要素であり，「まちづくり権」もこの３つによって構成されるのである。

まちづくりにおいては，上記３つの要素は独立して個別に存在するのではない。イメージ，現実・実態，市政運営が相互に循環することで，まちづくりは行われるのである。つまり，「まちづくり権」は，「まちのイメージ」，「まちの現実の姿・実態」，「市政運営」が循環して構成されるものなのである。

まちづくりに関する自治体の運営は，「まちのイメージ」，「まちの現実の姿，実態」を基に行われる。そして，自治体が施策を行うことで，地域の「イメージ」，「実態」がつくられていく。

〔写真2〕 日田市の杉林（写真家 香川良海氏提供）

まちのあちこちに旧街道のまち並みが残る歴史的地域を例に挙げよう。自治体が，地域の歴史あるまち並みの保存とまちの形成といったまちづくりの方針を決定し，市政を運営した場合，まち並みが保存され，「古いまち並みの残る町」というイメージが形成・定着する。また，豊かな森林がある地域では，森林都市というイメージが形成される。そのイメージから，自治体が森林を活かしたまちづくりの方針を決定し，計画，施策を行い，また，豊かな森林のあるまちが形成される。同様に，「まちのイメージ」から，「市政運営」が行われ，かつ「実態」が生じ，また「まちのイメージ」が形成される。このように，３つの要素の循環が「まちづくり権」なのである。

⑵ 自治体の「まちづくり権」を構成するもの

「まちづくり権」を構成する３要素の中で，自治体が中心的に行うのは，「市政運営」である。まちづくりに関する市政運営を行

〔写真3〕 日田市の杉林（写真家　香川良海氏提供）

うにあたって，自治体は様々な活動を行う。その活動の基礎となるのが,「そのまちがそのまちであるため」のまちの方向性である。自治体は，まちの方向性を決定した上で，計画を策定し，統合性を持った施策を行うのである。そこで，自治体の「まちづくり権」は,「自治体がまちづくりの方向性を決定し，具体的に計画を立て，統合性をもって実施する」権利であると考えられる（総合計画をもとにした「まちづくり権」については，本書第4章で詳しく検討する)。

しかし，計画に表現されてこそいないが，実態やイメージも大切な要素である。「そのまちがそのまちである」という現状は，自明のものとして気づきにくい場合もある。たとえば，閑静な住宅地に大型遊戯施設の計画・工事が突如始まったケースを考えてみよう。静かな環境，整った景観などを法的に保護する施策がとられていなければ，開発に法的問題はなく，実態を無視した開発が可能となる。しかし，このような開発がまちづくりに重大な，深刻な影響を及ぼす場合もある。そういった実態・イメージとしてのまちづくりも，自治体の「まちづくり権」の対象なのである。

「まちづくり権」は3要素から成るものであり，自治体の「まちづくり権」もこの3要素で構成される。その中で，特に，自治体の「まちづくり権」では，自治体の活動の中心である「市政運営」への表れが重要になるのである。

第4項 「まちづくり権」として保障される内容

自治体の「まちづくり権」として保障される内容は，①まちづくりに関する自主決定，②自治体のまちづくりに影響を与える法令・施策への手続的参加，③重大な侵害に対する司法的救済を受けることである。自治体は一般的に，「まちづくり権」として少なくとも以上の3点を保障されると考えられる。しかし，「まちづくり権」も他の干渉を絶対的に排除しうるものではなく，限界が存在する。限界については第5項で検討することとして，以下第4項では「まちづくり権」の内容について検討したい。

⑴ 自主決定権

自主決定権とは，そのまちがそのまちであることを体現するために行う自治体の活動に関して，自ら決定し実行する権利である。「まちづくり権」は，自治権の実質的内容を象徴するものである。そして，自治体は，憲法第8章の各種自治権によって国から一定程度独立したかたちで地域運営を行うことができる。自主責任，財政管理権，自治行政権といった自治権を総合して勘案すると，地域の事務について自らの責任で決定，実施することは自治の核心にあたるといえよう。また，「まちづくり権」は，住民の新しい権利を集約して自治体に付与された権利である。地方自治法も，自治体は「住民の福祉の増進を図ることを基本として，地域における行政を自主的かつ総合的に実施する役割を広く担う」としている（地方自治法１条の２)。地域の住民の利益または幸福を図る役割を担う存在である自治体は，住民の意思を集約して決定を行う憲法上の権能を有するのである。

地域のまちづくりは地域が行うものである。「まちづくり権」の行使にあたっては，当該地域を最もよく知り，責任を負う自治体が，自主的な決定・裁量を行うことが重要になる。自治体は，「まちづくり権」の行使にあたり，まず，当該地域において民意を反映したまちづくりの方向を決定し，計画や施策の決定・実施を行う。その裁量は，当該自治体が行うものであり，他の機関が代わることは困難である。また，自治体が決定・裁量を行いうる地域の事務に対して，他の機関は配慮・尊重しなければならない。とりわけ，統合性のあるまちづくりのために自治体が策定した計画に対して，他の機関は相当の配慮が求められるのである。

また，具体的に自治体行政の施策に表れていない事項も「まちづくり権」の重要な要素である。まちづくりに関して，当該地域の自治体が自主的にまちのあり方を決定するのは，「まちづくり権」の当然の内容である。よって，市政運営に直接表れていない事項でも，地域に一定の影響を与える場合は，自治体は地域の意思を反映することができると考えられる。

⑵ 手続的参加権

手続的参加権は，まちづくりに影響を与える法令の制定・実施を行う場合に，その策定前に意見を聴取される権利である。平等原則により，不利益を与えるときは，不利益を受けるものを手続に参加させる必要がある。自治体は，憲法上国の機関の一部ではなく，独立した自治権を保障され，自主的に地域のまちづくりを行う権能を有するものである。この憲法の意図から，「まちづくり権」は他の機関に配慮を求めうる権利と考えられる。そもそも，まちづくりの自主決定権は，制度的保障の核心部分にあたると考えられる。また，憲法31条の趣旨からも，自治体の「まちづくり権」に影響を及ぼす他の機関の活動手続に自治体が参加することが保障されうる。加えて，国が全国的・統一的な人権の保障を行うのに対して，自治体は地域住民の人権を保障する責務がある。この地域住民の手続的参加権を代表するものとしての地位からも，自治体に対し，まちづくりに関して利害関係のある行政機関の意思決定について手続上，意見を聴取されることが求められよう。なお，成田頼明教授は，国と自治体を「対等の地位にある行政主体の併立的協力モデル」と捉えるならば，地方公共団体の国政参加が必然的に導き出されるとする[65]。

自治体は国と並立的関係にあり，自治体の国の行政活動に対する関与の関係はあってしかるべきである。現行法上も，個別に国の行政機関の施策に対して自治体の意見聴取を定めている法律が存在する。塩野宏教授は，自治体の手続的参加権の法的根拠として，①地方公共団体の実態的自治権，②自治領域に対する国家行政の侵害への防御権的な参加権，③自治権への補償的参加（ただし，地方公共団体の統合組織による参加となることも考えられる），④国・地方の併立関係による国・地方双方に関係する国の意思決定に対する協同的参加を挙げる。そして，地方自治体の参加団体としての地位は，防御的参加であれ，共同的参加であれ，憲法上の正当化根拠を有するものとする。ただし，自治体の手続的参加

---

(65) 成田頼明「地方公共団体の国政参加―その理論的根拠と範囲・方法―(上)」自治研究55巻９号（1979年）８頁。

権を「憲法上の具体的権利として，いいかえれば，地方公共団体の参加的地位を無視した国の意思決定に意見の瑕疵があることを理由に地方公共団体がこれを攻撃できるほどに，具体化されたものといえるかどうかは，なお断定しがたいものがある」とする(66)。しかし，「まちづくり権」は，まず，地方自治法上の総合計画とそれに基づく施策として具体化され，相当の具体性を有する。そもそも，「まちづくり権」は，制度的保障説の核心部分に相当するものといえ，憲法上特に保障された権利である。よって，自治体のまちづくりに影響を与える事項，利害関係を生じるような事項などに関しては，手続的参加権が保護されうる。また，立法機関に対しても，憲法上保障された「まちづくり権」への配慮が求められると考えられる(67)。

なお，手続参加の形態は，意見提出から共同決定まで及ぶと考えられる。「まちづくり権」においては，少なくとも意見提出・聴聞が求められるべきである。特に，まちの方向性に与える影響が大きいまたは深刻な事項，継続的に影響を与える事項などに関しては，「まちづくり権」を有する自治体の同意，共同決定などが必要と考えられる。効果としても，被参加機関により，考慮されることは当然として，「まちづくり権」の性質から，理由を付記した回答や，場合によっては参酌義務が設けられる必要があるだろう。

(3) 司法的救済

「まちづくり権」は司法的（裁判上の）救済を求めうる権利であ

(66) 塩野宏「地方公共団体の法的地位論覚書き」同『国と地方公共団体』（有斐閣，1990年）19～21，29頁。

(67) 自治体の立法課程への参加のメリットにつき，成田頼明「地方公共団体の国政参加ーその理論的根拠と範囲・方法ー（中ーー）」自治研究55巻11号（1979年）３頁以下。

る。つまり,「まちづくり権」が侵害された場合,救済ないし予防を求めて出訴しうる。現行法上,自治体が司法的救済を求めることができる場合は,当然に自治体は司法的救済を求めて出訴することができる。これは,私人としての地位からも,法律に規定があった場合は公法人としての地位からも可能である。また,自治体に手続的参加を求める規定があるにもかかわらず行われなかった場合は,手続上の瑕疵に関して司法的救済が求められることもある。つまり,制定法上,「まちづくり権」を保障していると解しうる規定がある場合は当然に司法的救済を受けうる。では,法律上「まちづくり権」を保障した規定がない場合,また,法律の趣旨からも「まちづくり権」への配慮がみられない場合はどうだろうか。

塩野宏教授は,「住民の代表としてであれ,一般的な自治権の保有者としてであれ,それだけでは,地方公共団体は,わが国法上,国の行政的決定の取消を求める原告適格を有するものとはいえない」とする。しかし,「手続的面にとどまらず,当該プロジェクトが,地方公共団体の存在に重要な影響を及ぼす場合には,これを地方公共団体の一般的自治権との関連で捉えるか,或いは,少なくとも市町村レベルでは,制定法上も認められている,一般的計画団体たる地位との関連において捉えるかの問題はあるが,地方公共団体の原告適格を容認できるように思われる」とする[68]。つまり,地方自治法上まちづくりに関して計画(総合計画)を策定するとされ,その計画に基づいて具体的に継続的なまちづくりを行う自治体は司法的救済を認められうるのである。

それでは,具体的に「まちづくり権」が司法救済を受けうる場

---

(68) 塩野「地方公共団体の法的地位論覚書き」(前掲注66) 40頁。

合を検討してみよう。前述のように,「まちづくり権」を保障した具体的な法律に関しては,法的な権利侵害が存在し,司法的救済をうけることができる。一方,事実上の「まちづくり権」侵害に対しては,法的根拠がみられないため,司法的救済が困難である。しかし,「まちづくり権」は憲法上自治体に認められうる固有の権利であり,その行使を不可能にするような重大な侵害に対して,または侵害が発生する可能性が高い場合は防御することが認められるだろう。ただし,司法的救済を受けうる「まちづくり権」は,まず,具体的に計画が策定・公表され,それに基づいた継続的なまちづくりが行われること,または行われうる状態にあることが必要である。また,具体的な計画などがない場合は,ある程度限定されるものと思われる。この点,「まちづくり権」の本質部分が「完全に奪われてしまう」場合や,自治体の「全域あるいは一定部分」が,「持続的に被害」を受け,自治体のまちづくりが「多大な影響を被る場合」などが考えられる。

そもそも,自治体はより広域レベルの集団的な利害から地域住民を守る責務を負う。そのために,具体的・継続的に「まちづくり権」を行使し,地域のまちづくりへの努力を行うのである。しかし,「地域」を対象とする事務が広域的・集団的な利害によって侵害されている現状に鑑みると,自治体が地域住民の権利を代位して主張する訴訟,または,「住民の福利を維持増進するという地方公共団体の地位に基づく訴訟」なども必要となっているのではないだろうか。この点,イギリスの「自治体は住民の利益を保護向上するため適切と考える場合すべての民事行政上の訴訟をその名でできる」ような法制度などが参考になるだろう(69)。

---

(69) 小林武『地方自治の憲法学』(晃洋書房,2001年)288頁。

第5項 「まちづくり権」に限界はあるか

(1) 「まちづくり権」の制約とは

以上,「まちづくり権」の根拠と内容について詳しく述べてきたが，ここではそれが制約される場合について検討していく。

「まちづくり権」における前述の要件が正当に成立すれば，いかなる場合にもそれをもって自主決定権，手続的参加権などを主張することができるだろうか。「まちづくり権」を無制限に認めていたのでは，逆にそれを行使される相手方または第三者が不当な不利益，侵害を受けることになり，公平性を欠く。このような場合には「まちづくり権」が制約されるべきである。

しかし,「まちづくり権」が住民にとって地域社会を構築していくための重大な権利であることも考慮すれば，それを安易に制約することはできない。「まちづくり」は，そのまちがそのまちであることを体現することである。そして,「まちづくり権」は，長い歴史の中で守り育てられてきた景観や文化をはじめとするそのまちの実態，そしてそこから生まれるまちのイメージ，またそれにより確立しているそのまちのアイデンティティを維持，発展させていく権利であり，それを「市政運営」として反映，実践していく自治体の権能の中でももっとも本質的なものである。

(2) どのような場合に「まちづくり権」を制約できるのか

では具体的に「まちづくり権」が制約される場合とはどのようなものであろうか。このことを論じてきた判例，学説はほとんど存在していない。そのため，ここではいくつかの事例を上げ，そこから帰納的に「まちづくり権」を制約できる場合を求めていくことにする。

① 目的が不当な場合

まず,「まちづくり権」の行使に関してその目的が不当である場合はどうであろうか。ここで事例を挙げる。

行政区域内に建設される予定の場外車券売場の経営を将来的に困難にし，排除することを目的として，自治体が事前に場外車券売場に対し高額の税を課す条例を成立させた事例について検討してみる。自治体はこの課税につき租税法律主義（憲法84条）を遵守している。このことから，表面上は合法にみえる。しかし，実際は場外車券売場という特定の業者を排除するために制定されたものであり，不当な目的によるものであるといえる。

このように，不利益を与える力を伴う「まちづくり権」は行使される当事者にとって公権力的な側面を持っているともいえる。そのため，何をもって目的が不当とされるのかは，それが実質的に当事者に対して不利益を与えるのに合理的な理由を伴っているかどうかで判断されるべきである。

②　憲法原則に違反する場合

次に，憲法原則に違反する「まちづくり権」行使についてであるが，これが制約されるのは当然であろう。これは公務員の憲法尊重擁護義務（憲法99条）の規定により憲法に拘束されているためである。たとえば，自治体が特定の宗教団体を優遇するという政教分離原則に反する「まちづくり権」を行使することは憲法上認められるものではない。

また，条理，社会通念に違反する「まちづくり権」はどうであろうか。たとえば，特定の利益団体から利益供与を受けた自治体がその見返りとして「まちづくり権」を行使するような場合である。この場合は贈収賄罪の関係からこの行使が許容されるべきではない。しかし，条理，社会通念についてはそれ自身が定まった内容を持っていない[70]。そのため，このような条理，社会通念違反を理由とする「まちづくり権」の制約はなるべく控えるのが望ましい。

③ 義務を怠った場合

最後に，自治体側が本来課されていた義務を怠った状態で「まちづくり権」を行使し，その結果生じた欠陥を修復するために「まちづくり権」を行使する場合について考える。判例では，ある自治体が一定内容の継続的な施策を決定し，特定の事業者に対しその内容に該当する活動を促す個人的具体的な勧告，勧誘を行ったのちに，それをその自治体側の事情により変更しその事業者が損害を被った事例につき，やむをえない客観的事情がない限り，地方自治体の責任は免れない，としている(71)。このことにつき，自治体は正当な手続きによりその地位を得ている事業者との信頼関係を維持するという信義側上の義務があるといえる。そのため，たとえその変更後の施策がまちづくりのイメージ・実態に沿うものであっても，業者に対し正当な補償その他を行う義務が反射的に生じるのである。この義務を怠って「まちづくり権」を行使することはできないといえる。

第6項 世界の潮流をふまえて「まちづくり権」を考える

現在，世界的な潮流として地方自治の保障を求められている。まず，世界レベルで地方自治制度を保障する動きがある。その代表的な例が，ヨーロッパ地方自治憲章の発効，世界地方自治宣言の採択，世界地方自治憲章策定の動きであろう。ヨーロッパ地方自治憲章は，1985(昭和60)年ヨーロッパ評議会閣僚委員会で採択

---

(70) 芝池義一『行政法総論講義〔第4版〕』(有斐閣，2001年) 84頁，木佐茂男編『自治体法務入門〔第2版〕』(ぎょうせい，2000年) 55頁。

(71) 最判昭56 (1981) 年1月27日民集35巻1号35頁。

され，1988（昭和63）年多国間協定として発効した[72]。世界地方自治宣言は，1985（昭和60）年国際地方自治体連合（IULA）の第27回大会（リオ・デ・ジャネイロ）で採択されたものである。この宣言は，法的拘束力はないが，「人権と民主主義の観点からみて不可欠な地方自治の諸原則を提示し，各国の憲法または基本法でその採択を勧告するもの」である[73]。さらに，1993（平成５）年更新され，ヨーロッパ地方自治憲章に示された地方自治の原則を世界レベルで確認した。世界地方自治憲章(案)は，国連人間居住センター（UNCHS）と都市・自治体世界調整協会（WACLAC）が共同で作成し，1998（平成10）年に第一次草案を公表，2000（平成12）年４月に第２草案として改訂，審議している。これは，ヨーロッパ地方自治憲章と世界地方自治宣言で示された地方自治の原則をもとに，地方自治体の役割と「人間居住の持続的な発展に効果的に貢献する能力」を強化することを目的とする。

これらの憲章・宣言にみられる「近時の国際レベルの憲章・宣言等にみる地方自治保障の主要な要素」として，「全権限性の原則，補完性の原則，包括的・排他的な権限配分，上位の意思決定過程

(72)　2001（平成13）年11月10日現在，加盟国43ヵ国のうち38ヵ国が批准している。さらに，ヨーロッパ市町村・地域会議（CLRAE）は，特に90年代後半，「ヨーロッパの『地域（リージョン）』が制度化されていない国における『地域』の創造（ヨーロッパのリージョナル化）の努力」を行っている。そして，1997（平成９）年にヨーロッパ地域自治憲章草案が作成され，「ヨーロッパ憲章の普遍化現象」が起きている（木佐茂男「地方自治基本法」松下圭一・西尾勝・新藤宗幸編『自治体の構想１　課題』（岩波書店，2002年）98頁）。

(73)　杉原泰雄「地方自治と地方分権―地方分権の時代にどう対処するか―」法律時報66巻12号（1994年）29～30頁。

における聴聞・参加，自主組織権，自主財政権，市民参加・パートナーシップ，地方自治体の連合・国際協力，自治体の監督，現行の自治体の保護，自治体の法的保護」などが挙げられる(74)。これらの要素は，多少の温度差はあるが，グローバルスタンダードとして重視されている。

世界レベルの地方自治の動きをうけて，各国でも自治を重視した制度の整備が進んでいる。たとえば，東欧諸国では，中央集権や独裁政権を倒したという歴史的経緯から，ヨーロッパ地方自治憲章などの動きをうけて，相当に先進的な憲法規定を採用する国がみられる。憲法の明文で保障されることは，地方自治の保障において非常に重要なことである。しかし，一方で，憲法上の規定がわずかでも，国民・市民の実践の中で地方自治が充実していくこともある。日本の憲法は90年代に入るまで，世界の中でも先進的規定を有すると考えられてきた。地方自治の原則に関して，日本の憲法が明文で保障していない事項は，補完性の原則，上位の意思決定過程における聴聞・参加（自治体の国政参加権の保障），自治体の法的保護（司法的救済権），自治体の重層設置である(75)。し

---

(74)　木佐教授は，自治体の法的保護について，「世界的レベルのどの憲章・草案・宣言にも，地方自治体は，自治権を侵害された場合には，司法的救済を求めることができるという項目」があると指摘する。そして，「司法的救済は，裁判所によるのみならず，一種の行政的機関によることもありうる」とし，日本の「新地方自治法で設けた国地方係争処理委員会及び自治紛争処理委員会の制度が，果たして，国際水準に達しているかどうか，なお検討の余地がある」とする（木佐茂男「地方自治基本法」松下圭一・西尾勝・新藤宗幸編『自治体の構想１　課題』（前掲注72）98〜102頁）。自治体の司法的救済に関する詳しい検討は本書第５章で行う。

かし，日田市訴訟でも明らかなように，地方自治の保障，そして，自治体のまちづくりにおいて，これらの規定は重要不可欠のものなのである。

地方自治の保障が国際化・普遍化の動きがある中で，日本としてもその法制度・解釈においてこの潮流を無視することはできないだろう。「まちづくり権」は，自治体が日本の制度の中で継続してまちづくりを行うのに不可欠な権能である。従来，日本では国の集団的な行政の一貫性の必要から，まちづくりは軽視・制限されてきた。しかし，現在は国内でも地方の時代として「地方」「地域」のあり方が見直され，地方自治制度の重要性が再認識されている。こうした国内外の動きを踏まえ，「まちづくり権」は考えられるべきである。

〈コラム５〉 世界における自治体の司法的救済

・ヨーロッパ地方自治憲章　第11条［地方自治の法的保護］

「地方自治体は，その権限の自由な行使を確保し，憲法あるいは国法に保障された地方自治原理の尊厳を保持するために，司法的救済に訴える権利を有する。」

・世界地方自治憲章（案）第13条［地方自治体の法的保護］

「地方自治体は，財政及び行政の自治を保障するため，また，地方自治体の機能を決定し利益を保護する法律の遵守を保障するため，司法による救済に訴えることができなければいけない。」(2000年当時のもの)

---

(75) 木佐『豊かさを生む地方自治ードイツを歩いて考える』(前掲注16) 160，166頁。

≪参考文献・参考サイト≫

・芦部信喜『憲法〔新版補訂版〕』（岩波書店，1999年）
・阿部泰隆『政策法学と自治体条例』（信山社，1999年）
・井口博「川と生きる木頭村の選択」木佐茂男・五十嵐敬喜・保母武彦編『地方分権の本流へ―現場からの政策と法』（日本評論社，2000年）
・井上繁『まちづくり条例―その機能と役割』（ぎょうせい，1996年）
・浦部法穂『〔新版〕憲法学教室Ⅰ』（日本評論社，1996年）
・ヴィンフリート＝ブローム・大橋洋一『都市計画法の比較研究』（日本評論社，1996年）
・大橋洋一「計画間調整の法理―自治体計画策定権限の憲法保障を中心として―」『現代行政の行為形式論』（弘文堂，1993年）
・岡田行雄「自治体総合計画のなかで自治立法をどう位置づけるか」木佐茂男編『自治立法の理論と手法』（ぎょうせい，1998年）
・兼子仁『自治体法学』（学陽書房，1988年）
・兼子仁『新地方自治法』（岩波新書，1999年）
・金田昌司「市町村総合計画とまちづくり」金田昌司・畳昭吉・出井信夫編『地方自治体の経営計画』（中央経済社，1983年）
・木佐茂男「国と地方公共団体の関係」雄川一郎・塩野宏・園部逸夫編『現代行政法体系８・地方自治』（有斐閣，1984年）
・木佐茂男『豊かさを生む地方自治―ドイツを歩いて考える』（日本評論社，1996年）
・木佐茂男「東欧の憲法に見る地方自治」北海道大学スラブ研究センター『スラブ・ユーラシアの変動―その社会・政治的諸局面（平成７年度冬季研究報告会報告集）』（北海道大学スラブ研究センター，1996年）
・木佐茂男「地方自治をめぐる世界の動向と日本」木佐茂男監修・北海道比較地方自治研究会訳『地方自治の世界的潮流―20カ国からの報告』㈦（信山社，1997年）
・木佐茂男編『自治体法務入門〔第２版〕』（ぎょうせい，2000年）
・木佐茂男「地方分権」（浦部法穂との対談）浦部法穂・棟居快行・市川正人編『いま，憲法学を問う』（日本評論社，2001年）
・木佐茂男「地方自治基本法」松下圭一・西尾勝・新藤宗幸編『自治体の構想１　課題』（岩波書店，2002年）
・小林孝輔・芹沢斉編『基本法コンメンタール憲法〔第４版〕』（日本評論

社，1997年）
・小林武『地方自治の憲法学』（晃洋書房，2001年）
・佐藤幸治『憲法〔第3版〕』（青林書院，1995年）
・塩野宏「地方公共団体の法的地位論覚書き」『国と地方公共団体』（有斐閣，1990年）
・芝池義一『行政法総論講義〔第4版〕』（有斐閣，2001年）
・白藤博行「ドイツにおける地方自治改革と法理」室井力先生還暦記念論集『現代行政法の理論』（法律文化社，1991年）
・白藤博行「ゲマインデの自治権の範囲」ドイツ憲法判例研究会編『ドイツの最新憲法判例』（信山社，1999年）
・白藤博行『日田市訴訟鑑定意見書』（2002年）
・田村明『まちづくりの発想』（岩波新書，1988年）
・田村明『自治体学入門』（岩波書店，2000年）
・辻清明『日本の地方自治』（岩波新書，1988年）
・手島孝『基本憲法学〔第2版〕』（法律文化社，1998年）
・中井勝巳「西ドイツ国土計画法と地方自治体の計画参加手続条項」立命館法学162号（1982年）
・中井勝巳「西ドイツにおける地方自治体の計画参加権の裁判的保障―連邦行政裁判所の判例から―」立命館法学175号（1984年）
・成田頼明「地方自治の保障」田中二郎編『日本国憲法体系 第5巻 統治の機構Ⅱ』（有斐閣，1978年）
・成田頼明「地方公共団体の国政参加―その理論的根拠と範囲・方法―(上)(中―一)(中―二)」自治研究55巻9号，11号，56巻4号（1979，1980年）
・成田頼明「地方公共団体の国政参加―国の立法課程への参加を中心として―」ジュリスト増刊総合特集・行政の転換期（1983年）
・成田頼明『土地政策と法』（弘文堂，1989年）
・野中俊彦「新しい人権」杉原泰雄編『憲法学の基礎概念Ⅱ（講座・憲法学の基礎第2巻）』（勁草書房，1983年）
・野中俊彦・中村睦男・高橋和之・高見勝利『憲法Ⅰ〔新版〕』（有斐閣，1997年）
・原田尚彦『地方自治と法のしくみ〔全訂2版〕』（学陽書房，1999年）
・樋口陽一・佐藤幸治・中村睦男・浦部法穂『憲法Ⅰ 前文，第1条～第20条』（青林書院，1994年）

・廣田全男，糠塚康江「『ヨーロッパ地方自治憲章』『世界地方自治宣言』の意義」法律時報66巻12号（1994年）
・廣田全男「（資料）ヨーロッパ地方自治憲章草案」『経済と貿易』177号（横浜市立大学経済研究所，1999年）
・廣田全男「世界地方自治憲章第一次草案の策定と今後」『経済と貿易』179号（横浜市立大学研究所，1999年）
・廣田全男「世界地方自治憲章第二次草案に関する覚書」『経済と貿易』（横浜市立大学研究所，2001年）
・本間義人『まちづくりの思想―土木社会から市民社会へ』（有斐閣，1995年）
・松下圭一『日本の自治・分権』（岩波新書，2000年）
・宮田三郎「計画策定手続と市町村の参加―地方自治の拡充」専修法学論集第30号（1979年）
・武蔵野百年史編さん室編『要綱行政が生んだ日照権―宅地開発等に関する指導要綱の記録』（武蔵野市，1997年）
・室井力・原野翹編『新現代地方自治法入門』（法律文化社，2000年）
・室井力・兼子仁編『基本法コンメンタール地方自治法〔第４版〕』（日本評論社，2001年）
・村上順『日田市訴訟鑑定意見書』（2002年）
・分権ネット―地方分権推進本部ＨＰ（http://www.bunken.nga.gr.jp）

第４章　日田市総合計画の検討

序　なぜ総合計画から「まちづくり権」を分析するのか

前章では「まちづくり権」にはどのような理論的な背景をもつのか，また今後どのような方向に向かう必要があるか，について検討した。その議論を踏まえ，本章では「まちづくり権」が具体的にどのように市政に反映され，「まちづくり権」としての力を発揮してきたのかを確認する。

「まちづくり権」が自治体固有の権利として存在するのであれば，さまざまな形でそれが表出する局面があるはずである。そこで本書は総合計画を自治体のまちづくりにおける欠かせない意思表明の機会として捉え，その内容を分析することで，これまで日田市が「まちづくり権」を主張できるだけの主体的・創造的な行政，また行政計画を構築してきたかどうかを考察する。

まず第１節では，訴訟を提起した当時の第３次日田市総合計画の内容を分析し，そこに「まちづくり権」が内包されているか検討し，続く第２節ではそこに挙げられている計画が実際に市政，特に今回は環境整備の分野で実現されているかを具体的な事実の中から確かめる。2000（平成12）年度からは第４次計画が発効し，第３次計画に比べ，より具体的で整理された実効性の高いものになっているが，今回は訴訟当時のものについて考察する必要があるため，第３次計画を主に考察の対象とする。第３節では他の自治体の総合計画と比較することによって，日田市総合計画が相対的に見て「まちづくり権」を行使しうる内容を有するものであるか，またよりふさわしい「まちづくり権」のために総合計画の分野で目標とできることがあるか，について検討し，最後に第４節として自治体総合計画を「まちづくり権」との関連においてどのように位置づけることができるか，という視点から全体をまとめる。

第１節　第３次・第４次日田市総合計画の内容

日田市は現在,「第４次日田市総合計画」に基づき，まちづくりを推進している。日田市では，1971（昭和45）年における「第１次日田市総合計画」の策定を皮切りに，その後約10年ごとに新たな総合計画を策定してきた。総合計画は，ハード・ソフト両面において日田市の総合的かつ計画的な行政運営の指針となるほか，市民・団体・企業などの民間活動における，まちづくりへの参画のあり方や活動指針を示すものと位置づけられている。

第１節では，地方自治体の「まちづくり権」と日田市訴訟に対する配慮を前提とし，日田市における総合計画のうち第３次・第４次総合計画の分析・評価を図る。

第１項　日田市総合計画の構成について

日田市の第３・第４次総合計画は，共に「基本構想」,「基本計画」および「実施計画」の３部構成の形をとる。

⑴　基本構想

まちづくりの基本理念や日田市の将来都市像などの基本目標と，その目標達成のために進めるべき施策の基本方向を示したもので,計画策定以後，同市のまちづくりの根幹を成すものである。

⑵　基本計画

基本計画で定めた基本目標，施策の基本方向を受け，その実現に向けて必要となる施策を体系化したものである。なお，第４次計画においては，同市を取り巻くさまざまな情勢の変化に対応するため，計画を前期５ヵ年，後期６ヵ年に区分することにより，実効性の確保が図られている。

⑶　実施計画

基本計画で体系化した施策の効率的な推進を図るため，事業の優先順位および財政状況などに基づいて，主要な事業の年次計画を明らかにしたもので，各年度の予算編成の指針となるものである。

また第４次計画においては，諸情勢の変化に対処するため，３年間を期間とするローリング方式[(1)]で毎年度策定し，計画の評価・見直し・調整・管理を行うとされている。なお，同計画の対象期間は2000（平成12）年度を初年度とし，2010（平成22）年度を目標年度とする11年間となっている。

上記⑴〜⑶の３項目に関する詳細は，第３次・第４次総合計画の脈絡を明らかにしつつ以下に述べる。なお，文中の項目分けは，基本的に第４次計画に準じ，第３次計画のうち同一の項目に分けることが困難な箇所については，適宜文を補うこととする。

⑴　長期計画の実施過程で，計画と実績の間に食い違いが生じていないかを毎年チェックし，違いがある場合は実績に合わせて計画を再編成して目標の達成を図る方式。

第２項　日田市総合計画の目指す内容とは

⑴　基本構想

①　基本理念

第３次計画において日田市には，公共投資や民間資本による社会資本の蓄積の発展から，北部九州の中核都市としての機能が期待されている。しかし，地理的・地形的条件等から投資効率が低く，また財政的制約などによる施設規模や量的整備の面で市民から不満の声があったことも示されている。その上で，単に物量的な要求のみならず，歴史・文化・自然の尊重を前提とした，精神的な充足感を満たすための地域づくりの必要性が明示されている。

その後第４次計画においては，歴史・文化・自然などの重要性はさらに増した。具体的には，経済的な豊かさと共に，豊かで多様な自然・風土や固有の歴史・文化・産業などを再認識し，これらの特色を最大限に活かすことによって，地域への誇りと高い満足感が得られる暮らしを実現することを目指すとされる。そのため，人と人，人と自然，人とまちなど，多様で豊かな関わり合いの中から，市民が真に誇りと愛着を持ち幸福を実感できるまちづくり，人間性あふれた市民生活の実現を図り，「自ら関わり，共に創るヒューマンシティ」という新しいまちづくりの基本理念を定めるに至っている。

②　将来都市像

日田市は古くから水郷，山紫水明の地などと自然の豊かさ，美しさを賞賛され，また，天領の時代に育まれた独自の歴史・文化を有しており，さらに，これらを素地としたさまざまな産業，人情味のある風土などを持っていると同市は述べる。このような見解から，第３次計画においては「活力あふれ，文化・教育の香り高いアメニティ都市」，第４次計画においては「人・まちの個性

〔写真１〕 水郷（日田では「すいきょう」と称する）は１つのシンボル

が輝き，響きあう共生都市」といった将来都市像が設定されている。

③　まちづくりの基本方針

将来都市像の実現を目指しつつ，市民生活を支え，市民の多様なニーズに応えるべく実施する諸施策が，「まちづくりの大綱[(2)]」として分野ごとに体系的に定められている。

また，特に第３次計画においてはまちづくりの方針を以下のように３つに分けている。

(i)　歴史・文化を育むまちづくり

日田市の歴史や文化遺産を守り伝統・文化を継承，発展させると共に新たな文化の創造を図る方針を示す。

⑵　本書第４章第１節第２項⑵参照。

(ii)　自然を活かし，豊かな心と未来を拓くゆとりあるまちづくり

日田市の自然環境に対する配慮と共に，快適でゆとりのある市民生活を目指す方針を示す。

(iii)　みんなで進めるまちづくり

市民と行政が連帯と協調を高めつつ，双方が主体的にまちづくりに参加する方針を示す。

④　将 来 指 標

第３次計画，第４次計画それぞれの目標年次における，総人口の到達目標が定められている。なお，第４次計画においてはさらに，年齢別人口，世帯数，交流人口のそれぞれに関する目標値や推定値が，市の意向に基づき設定されている。このうち，日田市訴訟における論点であるところの，「サテライト日田」設置に際し，関連が深いと思われる２項目に関して下記に要約を述べる。

まず総人口に関しては，現在，出生率の低下や福岡都市圏をはじめとする他地域への流動などにより，減少傾向にある。この現状を受けて同市は，企業誘致などによる雇用の拡大とその波及効果及び地場産業の振興，快適な居住環境の整備など，定住化を図る各種施策を進めることにより人口増加を目指す意向を示す。

また，観光客を主とする日田市の交流人口は，ここ数年増加傾向にある。同市は，新しい観光産業の創出や，個性あるまちづくりなどを推進することによりさらなる増加を目指す意向を示している。

⑤　土地利用構想

第３次計画においては基本計画の項目に分類されているが，第４次計画においては基本構想の一部に組み込まれ，あらかじめ基本的な方針が概説されている。

(i)　農 用 地

農業振興地域内の農用地については，優良農地の維持確保を図るとともに，土地基盤整備を進め，生産性の向上などの高度利用に努める。また，都市計画用途地域内の農地については，今後，市街化の進展に対応して環境保全に充分配慮しつつ，良好な宅地などへの計画的な転換を図る。第3次計画と第4次計画の間で，文言上方針の変化はみられない。

(ii)　森　林

多面的機能を備えた森林構成を作り出し，森林資源の適正な管理，維持に努め，必要な森林の確保と整備を図る。また，市街地およびその周辺の森林は，極力緑地として保全を図るとともに，市民のレクリエーション活動の場として活用していく。(i)と同様，第3次計画の方針が第4次計画においても踏襲されている。

(iii)　水面，河川，水路

整備にあたっては，地域の自然環境の保全に配慮するとともに，自然の水質浄化作用，生物の多様な生息・生育環境，親水性が高く潤いのある水辺環境など，多様な機能の維持・向上を図る。

第4次計画において新たに付与された項目であり，「水郷ひた」としての都市景観に対するイメージ上の配慮，ならびに防災上の重要性に対する着目がうかがえる。

(iv)　道　路

道路整備については，第3次計画においては九州横断自動車道の開通に向けた整備について言及がなされており，開通後に策定された第4次計画においては，九州横断自動車道を基軸とした地域間交流の連携を図るため，地域高規格道路の建設を促進し，バイパス・幹線道路などの整備を積極的に進めるための必要な用地を確保する方針が示されている。特に，市街地においては道路緑

〔写真2〕 水辺で遊ぶ子供たち。親水性は重要な環境要素である

化の推進や，歩道の設置などにより良好な沿道環境の確保に努めるとされる。また，農林道については，自然環境の保全に充分留意しながら広域農道，農業基盤整備や林道整備事業の推進を図る方針が明らかにされている。

(v) 宅　地

第3次計画においては人口の増加や都市化の進展などによる住宅地の需要の増加，および中心市街地の拡大を見込み，都市整備手法などによる計画的な住宅地の供給を目指し，また，土地区画整理事業や公園緑地の確保を推進する意向が示されている。

これ対して第4次計画においては自然環境保全や良好な居住水準・居住環境に対する配慮へと方針が変化し，生活関連施設の整備を計画的に進め，計画的な供給を図る意向が示されている。また，さらに第4次計画においては住居・商業地域に混在している木材関連産業に対しても言及がなされ，それらを高度総合木材加工団地へ移転させ，跡地は用途地域に適合した土地利用を図り，生活環境との調和を図るという方針が示されている。

第3次計画・第4次計画に一貫する方針として，工業用地については，基幹的道路を備え周辺環境に配慮した用地の確保に努めるとされている。他に，業務地における店舗，事務所などについては，商業業務の健全な発展を図るため，都市機能の強化と魅力ある町並みの形成に努めるとされている。

(vi)　そ の 他

第3次・第4次計画とも，公共・公益施設用地については，行政需要の増大と多様化に対応しつつ，環境保全と周囲の調和に配慮し，必要な用地の確保とその整備に努めるとされている。また，レクリエーション用地については，公園緑地の適正配置とその拡大，河川の親水機能などを整備し，潤いのある空間の創出に努めるとされている。

⑥　利用目的に応じた区分ごとの規模の目標

前項に示した利用区分(i)〜(vi)に関し，市土の利用の現況と変化についての調査に基づき，将来人口などを前提とし利用区分別に必要な土地面積を予測し，それぞれの総合計画の目標年次における利用区分ごとの規模目標が定められている。具体的には，(i)の農用地と(ii)の森林を削減し，それ以外，特に(iv)の道路，(v)の宅地を中心に拡大させる方針が，第3次・第4次計画において一貫して示されている。

⑦　地域別の概要

日田市の市土をいくつかの地域に区分し，それぞれの地域ごとに土地利用の方針が示されている。地域の区分は日田市の社会・経済・自然的条件を考慮して，中央・東部・西部・南部・北部の5地域に区分する方法が取られている。

北部地域（三花地区の一部，小野地区）…三花地区の質・量ともに良好な農用地と小野地区の広大で優れた森林とで構成されている。

西部地域（光岡および朝日地区の一部，夜明，大鶴地区）…山田原を中心とする畑作地域，夜明・光岡地区を中心とする果樹地域，および良好な農用地を有する大鶴地区から構成される。

中央地域（都市計画法に基づく用途地域）…ＪＲ久大本線日田駅をほぼ中心とした人口集中地区と，その周辺部を含む都市計画法に基づく用途地域から構成されている。

東部地域（三芳および西有田地区の一部，東有田地区）…台地開発などにより整備された優良農地や森林を有する農林地域であり，谷間の集落から構成されている。

南部地域（高瀬および五和地区の一部）…日田市を代表する優れた林業地域であり，また優良農地を有する農業地帯と位置付けられる。

⑵　基本計画・実施計画

第３次計画において日田市は計画の諸政策を以下の４つに分類し，「まちづくりの大綱」として示している。

○「若者が定住し，活力あふれる産業都市の実現～産業の振興～」
　…観光，地場産業，農林業の振興についての施策がまとめられている。
○「機能的で快適感あふれる中核都市の実現～都市基盤・生活環

境の整備」
…情報ネットワーク，道路，市街地，公園・緑地，上・下水道，住環境，自然・社会環境，災害対策についての施策がまとめられている。
○「健康で明るく，人間性豊かな福祉都市の実現～保険・医療，福祉の充実～」
…医療，福祉，労働，人権擁護についての施策がまとめられている。
○「ロマンに満ちたうるおいのある文教都市の実現～教育と文化の充実～」
…生涯学習，学校教育，市民体育，芸術・文化，歴史・文化遺産，大学・高等教育についての施策がまとめられている。

第 4 次計画においては，「人・まちの個性が輝き，響きあう共生都市」という将来像を実現するという目標および「まちづくり」に対する配慮のもと，「まちづくりの大綱」は以下のように，より詳細に分類され，展開された。

○「人と自然が共生する環境にやさしいまちづくり～自然環境～」
…地球環境，地域環境，廃棄物処理，水資源についての施策がまとめられている。
○「調和とうるおいのある快適で住みよいまちづくり～都市基盤・生活環境～」
…道路・公共交通，市街地，河川・公園，上・下水道等，住環境，情報通信についての施策がまとめられている。
○「地域の個性を生かし結びあう活力あふれるまちづくり～産業

振興～」
…観光，農林水産業，商業，工業（地場産業），就業環境についての施策がまとめられている。
○「健やかに生き生きと暮らせる安心・安全のまちづくり～福祉・健康・安全～」
…健康，保険・医療，高齢者福祉，障害者福祉，児童・母子・父子福祉，地域福祉，低所得者福祉，防災・消防・救急，交通安全・防犯，消費生活についての施策がまとめられている。
○「郷土を愛し心豊かな人が育つまちづくり～教養・文化・スポーツ・人権～」
…学校教育，社会教育，生涯スポーツ，芸術・文化，歴史的文化遺産，人権尊重，男女共同参画についての施策がまとめられている。
○「多様な関わりあいのあるまちづくり」
…市民団体，行財政運営，地域間交流・連携についての施策がまとめられている。

(3) 第1節のまとめと日田市訴訟への展開

「将来指標」や「土地利用構想」の項目に見られるとおり日田市は，流入・交流人口の増加を意図した上で将来的な人口増加を図り，そのために宅地・道路整備などの事業にも着手している。その意味で「サテライト日田」の設置・営業に伴う集客効果は，日田市の計画の方針に肯定的な影響を及ぼす側面を有すると評価することが可能である。

だが，日田市が人口増加のための施策として総合計画の中で本来挙げているものは，企業誘致による雇用の拡大とその波及効果および地場産業の振興，快適な居住環境の整備など定住化を図る施策と，観光産業の振興や個性あるまちづくりによる観光客の増加である。これらの施策においては，公営ギャンブル施設のような娯楽施設の営業による近隣住民の定住化および隣接地域からの交流人口の動員などは，そもそも想定されていない。また，日田市訴訟の訴状のうち「1．原告日田市」中の「(6)場外車券売場設置に伴う影響」の項目でも触れられているとおり，賭博施設の設置によって住民の勤労意欲が減退し健全な地域経済の発展が阻害されることや，賭博に興じる人々によって享楽的・頽廃的な雰囲気が近隣地域に持ち込まれることなど，前述の日田市の施策の成果がむしろ阻害される可能性が想定される。

総合計画および日田市訴訟に対する，上記のような評価を踏まえた上で，次節においては日田市の現状について詳細に言及する。

第2節　日田市総合計画は実際の市政に反映されているか

本節ではサテライト日田設置反対理由(3)（文教都市を目指す市のイメージに合わない，青少年への悪影響，渋滞の深刻化など）に照らし，実際に日田市を見た感想を基にして総合計画がまちづくりに活かされているかを考察していきたい。まず日田市全体の地理的・地形的な概要を述べ，続けて市の文化・歴史の中心であり，その結果現在では中心的観光区域となっている豆田地区，サテライト設置予定地周辺について総合計画が反映されているかを論じていく。さらにサテライト日田が設置された場合に，どのようなことが弊害として予想されるかを総合計画における「まちづく

(3)　詳しくは本書第1章を参照。

り」と比較しながら挙げていきたい。

第１項　日田市全体において

〈計画[4]〉

日田市は大分県の北西部，北部九州のほぼ中央に位置し，周囲を阿蘇，くじゅう山系や英彦山系の美しい山々に囲まれた盆地のまちである。市の中央部を流れる三隈川にはいくつもの小河川が流れ込み，九州最大の河川，筑後川の上流部を形成し，これらの幾筋もの水の流れと市街地を取り囲む緑は一体となって，ゆったりとした雰囲気，奥行きがある落ち着いた景観を作り出している。

また本市は江戸期に天領となり，九州の政治・経済・文化の拠点として，独自の町人文化が華開き，このような歴史を伝えるまち並みや史跡・遺構・物語性を持った場所などが，今なお数多く残されている。

日田市は九州横断自動車道の全線開通や福岡都市高速道路の接続により，県都大分市，福岡市，長崎市など，北部九州の主要都市と１～２時間で結ばれるようになった。今後は中津日田間地域高規格道路の整備も進むことから，大分県北地域や北九州などとの往来時間の短縮も期待されている。ただ，ここ最近の規制緩和により，日田ＩＣ付近・郊外など中心商店街から外れたロードサイド型大型店の出店が相次ぎ，消費者の購買形態が変化している。また，先に述べた交通の整備も相俟って，商圏の拡大・周辺大都市への人口の流出等により，市内商店街では空き店舗が増加し商業機能の空洞化が著しく進展している[3]。

⑷　第３次日田市総合計画の内容。以下同様。

〈調査〉

日田市全体を実際に見た感想として，まずパチンコ店が多いことに気がついた。そして驚くことにサテライト設置予定地のほんの数キロ先には新たな大型パチンコ店が建設途中であった。この点，サテライト日田に反対する日田市のイメージと異なっており意外であった。また市街地と郊外のまち並みの違いは著しく，必ずしも日田市全体が歴史的まち並みや景観を維持できているわけではないと分かった[5]。

さて，ここでなぜ建設途中のパチンコ店は許されて，サテライト日田はこれだけ問題となっているかについて考えてみる。パチンコもギャンブルであるため，射幸性があり，退廃を招く恐れがあるといえる。さらに子どもに悪影響を与えてしまう恐れがある点もサテライト日田と共通する弊害であるといえる。この点，日田市役所の職員によれば，サテライト日田の建設に対しては住民の側からの反対運動があり，それを市が取り上げるという形になっているが，建設途中の大型パチンコ店は移設であり，そのような運動が起きてないという違いがあるということであった。またパチンコ店はすでに日田市にいくつもあるのに対し，サテライト日田は競輪ということで新たなギャンブル人口を生み出すものであるというのも異なる点だといえる。その他，サテライト日田の場合，競輪が開催されている時間の前後に集中的に渋滞が発生する点もパチンコ店ができた場合とは異なるといえる。以上のようなことから，パチンコ店とサテライト日田を同様のものと論じることはできないだろう。

⑸　日田市における調査（2001（平成13）年12月8日）。

〔写真3〕 建設中のパチンコ店

第2項　中心的観光区域である豆田地区において

豆田地区は江戸期には九州の政治・経済・文化の拠点であった。「廣瀬資料館」や「天領日田資料館」「草野本家」などがあり，現在もその歴史的な面影が強く残っているように感じられた。この中で「廣瀬資料館」と「天領日田資料館」に訪れたが，淡窓やその一族ゆかりの書画・生活用具，雛人形，また江戸時代の書画・古文書などが展示されており，江戸時代に天領として栄えた日田の歴史を保存し，それを活かしたまちづくりを目指しているように感じられた[6]。

以下では項目を分けて，第3次総合計画に示されている内容がまちづくりに反映されているかをみていく。

⑹　日田市における調査（2001（平成13）年12月8日）。

〔写真4〕　伝統的建造物。まち並みが保存された豆田地区

〔写真5〕　日田市が誇る雛人形

(1)　歴史と文化を生かした産業の振興

〈計画〉

日田市は総合計画の中で，豆田地区を歴史ゾーンとして位置づけ，歴史的まち並みの保存と修景の整備・充実に努めるとし，ま

た天領日田資料館などの拠点施設の整備，強化を図るとしている。また観光サービスの向上や観光地日田のイメージアップ，観光ＰＲの強化等も計画として挙げている。

〈検討〉

この点について，概ね総合計画の内容はまちづくりに反映されているのではないかと思われる。上記のように日田はその独特な歴史を今も保存し続けており，その雰囲気は豆田地区を訪れてみてすぐに感じ取ることができた。さらに先に述べた資料館，施設等も整備されており，総合計画に示された歴史ゾーンとしてのまちづくりは実現しているといえる。

⑵　ヒューマンシティを基調とした市街地等の開発

〈計画〉

この項目の中では，都市景観の形成として，豊かな水と緑，歴史や文化，そして活気に満ちた美しいまち並み等のイメージ，テーマを生かした人間性あふれるまちづくりを進めるため，豆田・隈地区を中心とした日田市景観ガイドプランを策定し，地域住民と一体となった自然的景観・歴史的景観・市街地景観等の保全，整備を進めるとしている。

〈検討〉

この点についても先に述べた豆田地区のまち並みから，総合計画の内容は実現しているといえる。

第３項　サテライト日田設置予定地周辺において

日田インターチェンジから約３㎞，国道386号線沿いにサテライト日田設置予定地は存在する。周囲にはパチンコ屋，ゲームセンター，健康温泉ランド，コンビニ，大型電気店，スーパーなどが建ち並んでいる。サテライト設置予定地の裏手は田んぼが広

〔写真6〕　ゼミによる現地調査（木佐撮影）

〔写真7〕　建設予定地前の唯一のアクセス道路である国道（木佐撮影）

がっており，そこには線路が通っていたが，見る限りではあまり電車は通っていなかった。国道386号線は片側一車線になっており，サテライト設置予定地周辺では交通量も多く，予定地側にある駐車場から国道386号線に出ようとする右折車が非常に苦労していたようだ。また夜の駐車場では若者が集まり，騒ぐなどして周囲の住民に迷惑をかけているという話も伺った(7)。

以下では第3次総合計画で示された内容が活かされているかを検討する。

(1)　市民生活や経済活動を支える道路体系の整備

〈計画〉

この項目では生活関連道路の整備として，市街地の市道整備に関して，単なる通行のための機能整備のみならず，安全で利便性が高く親しみやすいものでなければならないとしている。そのために拡幅改良や路線の新設等を進め地域の振興，開発と一体的な道路網の整備を図るとしている。また高齢者や子どもなどの交通弱者に配慮し，さらに大気汚染や駐車場対策も考慮して，公共交通機関の機能強化を目指している。

〈検討〉

では実際にこの内容は日田市のまちづくりに反映されているであろうか。上記で述べたようにサテライト日田設置予定地周辺は交通量も多く，さまざまな店舗が建ち並んでいるのに片側一車線しかないこともあって利便性が高いとはいえないだろう。サテライト側から国道368号線に出てくる道路には信号もなく，安全性についても疑問が残るといえる。さらにバスや電車なども見たところによるとあまり走っておらず，車に代わる交通手段として満

---

(7)　日田市における調査（2001（平成13）年12月8日）。

足いくものになっているとは思えなかった。したがって現状を見る限りサテライト周辺では交通・道路の整備は総合計画が活かされているとまではいえない。

⑵　災害に強い，安全な都市の形成

〈計画〉

この項目ではまず消防について，消防体制の強化，消防設備の整備，非常消防の強化，火災予防対策の充実を掲げ，消防力の増加を図るとしている。また救急については，救急・救助体制の強化，救急医療システムの確立，安全意識の高揚を掲げ，迅速で効率的な救助活動を促進するとしている。

〈検討〉

この点について，先に述べたように，サテライト周辺の交通量の多さと片側一車線という道路状況はこのような高度な消防・救急活動を迅速に行えるような環境にはないという印象を受けた。仮に渋滞している時間に災害や事故などが起きた場合には，国道386号線の交通量の多さは重大な影響を与えるのではないだろうか。したがって，現時点では総合計画の内容が十分に活かされているとはいえないといえる。

⑶　知・徳・体の調和のとれた学校教育の充実

〈計画〉

この項目においては，サテライト日田設置予定地周辺に関係する内容として，教育環境の整備が挙げられる。学校規模の適正化や学校教育施設の充実，通学の安全確保などが目指されており，快適で安全な教育環境を確保するために社会環境の浄化といったものにも積極的に取り組み，生徒の能力に応じた適正な指導と健全教育を促進するとしている。

〈検討〉

この点について，サテライト設置予定地の半径１kmには県立日田三隈高校がある。ただし実際に見た印象では川を隔て，さらに山がちになっているため，予定地周辺にパチンコ屋やゲームセンターなどがかたまっているといってもさほどの直接的な影響は受けないということも考えられる。ただし，健康温泉ランドには部活を終えた学生が訪れるということもあり，また夜中には近辺の若者たちがパチンコ店の駐車場にたむろしに来ていることを考えると，やはり社会環境の浄化，快適で安全な教育環境の確保というものは徹底されていないといえる。したがって総合計画の内容が完全に実現しているとは言い切れない。

第４項　サテライト日田設置によるまちづくりへの影響について

ここでは原告側の主張や西新宿７丁目競輪場外車券場反対のページに掲載されている公営競技場・場外券売場周辺のアンケート調査[8]などの意見を参考に，サテライト設置によりまちづくりに対してどのような影響が起こりうるかについて述べていく。原告準備書面（第一）では第４次総合計画との比較で害悪発生の恐れが述べられていたが，ここではサテライト日田設置が問題となった時点ですでに施行されていた第３次総合計画における項目を挙げながらその可能性を検討していきたい。

⑴　歴史・文化と自然を生かした観光の振興

〈計画〉

日田市は『500万人観光地』を目指し，広域観光の推進や観光需

⑻　西新宿競輪施設誘致反対の会（http://www.seg.co.jp/hanshaken）。

要への対応を行うとしている。それには民間活力を十分に活用し，市民，行政，業界が一体となった観光客の誘致促進，サービス向上に努めるとしている。そのための施策として，施設の充実，観光受け皿づくり，日田独自の土産品開発，観光地日田のイメージアップ，観光宣伝の強化などに取り組むとしている。このようにして日田市は第３次総合計画の中で，歴史・文化と自然を活かした観光を振興していこうとしている。

〈検討〉

では，もし競輪の場外車券売場が日田市にできるとしたらどうなるだろう。サテライト日田として競輪の場外車券売場ができてしまったとしたら，観光都市としての日田市全体のイメージが低下し，上記で示したような日田市の観光における「まちづくり」に悪影響を与えてしまいかねない。小規模なまちであるから，１つでもこのような市あるいは市民の望まない施設が入り込むことによる影響は大きく，現在，市の目指している「歴史・文化と自然をいかす」まちという方向性に相反する結果をもたらす恐れも考えられる。

⑵　ヒューマンシティを基調とした市街地等の開発

〈計画〉

都市は機能的であるだけでなく，安全でかつ快適であることが求められており，ヒューマンシティを基調に都市としての全体的なバランスを考えた総合的，計画的な整備を進めるとしている。そして都市基盤の整備，都市景観の形成，計画的な土地利用をその計画として掲げている。

〈検討〉

では市街地から半径２～３㎞の場所にサテライト日田が設置されてしまうとどうなるであろう。サテライト日田の周辺では酔っ

〔写真８〕　都市部に捨てられている廃棄物

〔写真９〕　林野に捨てられている廃棄物

払いが増えて犯罪が増加する可能性がある。また飲酒しながらの通行，空き地や道路上でのたむろ，交通の混雑，ごみの散乱，不衛生な行動，喧嘩など，風紀上，安全上，教育上深刻な影響が多くでることも予想される。そしてこのような悪影響が市街地に波及することも懸念される。そのようなことが現実化すると，総合計画で定められた市街地の「まちづくり」としての機能性・安全性・快適性に配慮した都市基盤の整備や都市景観の形成，歴史のシンボルとしてのまち並みづくりが達成できない。

⑶　災害に強い，安全な都市の形成

〈計画〉

前記のとおり，日田市は消防について，消防体制の強化，消防設備の整備，非常消防の強化，火災予防対策の充実を掲げ，消防力の増加を図るとしている。また救急については，救急・救助体制の強化，救急医療システムの確立，安全意識の高揚を掲げ，迅速で効率的な救助活動を促進するとしている。

〈検討〉

ではサテライト日田が設置されてしまうとどうなるだろう。サテライト日田が設置されると，上述のように，競輪が開催される前後には片道一車線の国道386号線で渋滞が起こることが容易に予想できる。そうなると消防車や救急車などの緊急車両の通行が妨げられ，重大な損害を生みかねないという危険性がある。そうであれば，サテライト日田設置は日田市の総合計画における消防・救急における「まちづくり」を侵害するものであるといえる。

⑷　知・徳・体の調和のとれた学校教育の充実

〈計画〉

日田市は学校教育について，学校規模の適正化や学校教育施設の充実，通学の安全確保などを目指しており，快適で安全な教育

環境を確保するために社会環境の浄化といったものにも積極的に取り組み，生徒の能力に応じた適正な指導と健全教育を促進するとしている。

〈検討〉

この点，サテライト日田の設置予定地は近くの学校の通学路にもなっており，また付近にある温泉ランドに部活帰りの学生が訪れることも考えるとこのような施設ができて，ギャンブルに群がる人々が日田を訪れると教育環境上望ましいとはいいがたいだろう。さらにサテライト設置により国道386号線の車の通りが多くなれば，通学の安全というものも侵害されてしまう。したがって，サテライト日田設置は教育における「まちづくり」を侵害する可能性があるといえる。

⑸　計画的，合理的な行財政の推進

〈計画〉

日田市は財政面について，財源確保のため長期的視点に立った健全財政の維持に努めるとし，財源の充実・確保と財政の健全化という２つの点を挙げている。具体的には地域経済の活性化や税財源の充実，受益者負担の適正化，補助金等の整理合理化，行財政の簡素合理化などである。

〈検討〉

上記の内容から，日田市は，健全な財政運営に努め経費削減を目指していることが分かる。だがサテライト日田が開設した場合，公安・公衆衛生・道路・環境保全・教育・福祉・人権・産業・快適な住環境等に関して，市民に従来どおりのサービスを提供するために特別な措置を講じなければならなくなる。つまりはサテライト日田が設置されなければ支出する必要のなかった財政が投入されることとなる。これは計画的・効率的な行政運営を目指すと

している総合計画に反するものといえるだろう。またほとんどの住民はサテライト日田に反対であり，そのサテライト日田に関して特別に支出をするというのでは住民の納得できる財政運営とはいいがたいであろう。したがってサテライト日田建設は行財政運営における日田市の「まちづくり」を害するものといえるだろう。

第５項　まとめ

第１項から第３項において，総合計画が実際に市政に活かされているかを項目に分けてみてきた。その結果，総合計画の内容が実現されている地域，そうでない地域があることが分かった。具体的にいえば，豆田地区は総合計画において示されたまち並みを維持できていた。それに対し，サテライト設置予定地周辺は総合計画の内容が実現されているとまではいえない。このように地域によって総合計画の実現レベルが異なるため，同一のレベルで総合計画において示されている「まちづくり」を主張できるかという点は不明である。

しかし，サテライト日田が設置された場合，設置予定地周辺において，総合計画によって示されたさまざまな「まちづくり」が侵害される恐れがあることは第４項ですでに述べた。それに加え，総合計画の内容が実現されている豆田地区にまで観光上の影響が及ぶ可能性も否定できない。したがって，仮にその総合計画の実現レベルによって「まちづくり」の主張に差が出てくるとしても，サテライト日田の設置は現に実現されている総合計画における「まちづくり」を侵害する恐れがあるものだといえるだろう。

第３節　他の自治体総合計画と比較しての日田市総合計画への評価は

第１節，第２節で日田市の総合計画がどのようなものであり，またそれがさまざまな箇所で現実化してきていることが理解できた。ここでは他の自治体の総合計画を分析しながら，日田市の総合計画を相対的な視点から眺め，自主的なまちづくり権を主張できる資質を備えているか，またこれからの総合計画とは具体的にどのようなかたちをとっているべきかについて検討したい。

第１項　比較対象とする自治体について

今回は以下２つの自治体を取り上げた。全て現時点(9)での最新版の総合計画を参照している。取り上げた理由も含め列挙する。

⑴　**大分県湯布院町**

・1955年２月町制開始。

・人口11,634人（男／5,602人・女／6,032人）面積127.77㎢

・産業別就業者割合　第１次産業10.3％　第２次産業13.1％　第３次産業76.6％

・年間観光客数3,904,870人

・概要…大分県のほぼ中央に位置する山間の町。町の北東にそびえる由布岳は別名「豊後富士」とも呼ばれ，町のシンボルとなっている。住民・行政一体となったユニークなまちづくり・イベントづくりが実を結び，年間390万人の観光客が訪れる九州屈指の観光地でもある。

⑼　2002（平成14）年２月現在。

・取り上げた理由…日田市と同じ大分県内の観光地であり，主としてその魅力の維持のため，特に町内の景観などの面で具体的な「まちづくり」の取り組みが盛んである。自治体規模とまちづくりの主たる目的はやや異なっているが，同じ県内で「まちづくり」に成功している自治体と考えられ，そこの総合計画を検討することは日田市にとっても今後の「まちづくり」にヒントをもたらすものではないかと考えた。

⑵　兵庫県姫路市

・1946年市制開始。
・人口479,540人（男／231,071，女／248,469）面積274.55㎢
・産業別就業者割合　第１次産業1.3％　第２次産業35.7％　第３次産業62.1％
・概要…『播磨風土記』に名を残す姫路52万石の城下町として繁栄。明治以降第２次大戦中までは軍都で鉄鋼を中心とした重化学工業が発展，戦後は播磨工業地帯の中核都市となる。
・取り上げた理由…1970年から総合計画を策定し，それに従った市政を続けてきているが，2001年，「ひめじ21世紀プラン」と称して総合計画を一新し，21世紀に向けての具体的な取り組みを始めている。日田市と比較して規模が非常に大きく，ともすれば相対的に市民ひとりあたりのまちづくりに対する影響力が小さくなってしまうことが考えられるが，むしろその策定過程において市民からの提案をより多く取り入れるための制度を設けてきていることが特徴的である。市民主体の「まちづくり」という観点からは総合計画の策定に市民が直接関わることは非常に望ましい。そのような意味でこれからの自治体総合計画策定のモデルとなるような自治体であると考え，検討することにした。

第２項　大分県湯布院町の総合計画について

(1) 策定過程

1987年９月	まちづくり座談会開始	広報誌において町長を含む様々な年齢層の町民による提言的な話し合い（～1988年12月）
10月	管内図再調整	計画作りの基礎となる管内図作成
1988年４月	計画策定プロジェクト編成 都市計画区域の見直し作業に着手	都市計画区域の拡大／都市計画図面の調整
８月	第１回まちづくりセミナー	大森東大教授を講師に役場職員対象のセミナー（全４回）
1989年４月	策定組織の編成	各課・各地区のブロック分け
1990年３月	東京委員会との打合せ	地域開発センター・ＫＧＫとの打合せ
４月	総合計画策定を委託	㈶日本地域開発センター，㈱ＫＧＫに委託
７月	地区女性との座談会	温泉場のおかみさんなどとの座談会
８月	まちづくり委員会設立	総合計画策定の為の委員会
11月	福祉問題討論会	高齢化問題における湯布院町の現状について
1991年５月	素案確定	
６月	策定委員会／議会／四役で素案の協議	
８月	基本構想地区別説明会	
11月	第１回総合計画審議会	～第５回まで
12月	定例議会	基本構想議決
1992年３月	総合計画発行	

(2) 総合計画の基本的な柱と具体的な施策

① 輝いて共生できるまち

・個性を尊重した生涯教育環境，高齢化を支えるまちづくり

・湯布院環境体験学習プロジェクト…子供を中心とした自然体

験ワークショップ
・健康と福祉のまちプロジェクト…保険・医療・福祉の総合的な施策推進の拠点の形成

② 自然と共に生きるまち
・土地を大切にした土地利用計画，水・温泉との正しい付き合い
・自然環境調査プロジェクト…専門家／町民／行政の協力による総合的な自然環境調査の実施
・地域水環境システムプロジェクト…水環境に関わるあり方を地域という小さな単位で考え，より良いシステムを構築する
・湯布院の公園づくりプロジェクト…町民参加による公園づくりモデルプロジェクトの実施

③ 地域が見えるまち
・地域ごとの個性ある生活環境の整備
・総合地域づくりプロジェクト…町民の積極的な参加によるまちづくり計画の策定（策定方法や参加形式，体制）

④ 未来の構造を持つまち
・湯布院の風土を尊重した産業の振興，人が連係する仕組み
・農業と農地の新展開プロジェクト…農業経営と農地の保全の両面を整合させた運営展開
・新しい地域産業人育成センター…情報・人的ネットワークなどの蓄積により，新しい就業の場・産業人育成を支援する中心的な拠点の形成

⑤ 成熟と発見があるまち
・時を超えて基礎になる情報を蓄え町民共通のものとする，役場の強化
・湯布院デザイン室…役場のさまざまな施策に対して横断的に

関わり施策の進め方や成果の質を高めて行くコーディネート機能を持つ組織の検討

・総合計画推進検討会議…湯布院全体や地域のまちづくりに対して継続的に町民が動きを知り，かつ意見を言える仕組みを作る

(3) 考　察

この総合計画は，10年ほど前に策定され，しかも策定作業のスタートはさらに５年も前のことである。しかしながら現在自治体にとって不可欠とされている市政への住民参加を進めて行こうとする意図が特に制定過程において見受けられるのは評価されるべき点であろう。上記の過程の中から取り上げても「まちづくり座談会」,「地区女性との座談会」，また「福祉問題討論会」などの場を設定して町政に町民の声を積極的に取り入れようとしているようである。

一般的に見て小規模の自治体では内部に市民団体などの自発的に市政に介入しようとするグループが育ち難く，オンブズマン的な市政への監視機構も構築されにくい。そのような環境にあっては行政の側から積極的に市民の声を拾い上げる努力がなければ市民の側から望ましい施策は施されないことになるが，この総合計画の点では湯布院町にはそのような努力が見られる。

また小規模自治体の場合，人口密度が必然的に低くなり，行政がその全てをカバーするのは難しいことになるが，湯布院町の場合町域を複数の地区に分け，それぞれの地区にあった施策を地区の住民と地区担当の町職員が講じて行く方法を取っている。総合計画においても策定区域を複数作り，その区域出身の職員が基本的にその区域担当となり，それぞれの事情にあったまちづくりのための方法が考えられていくようである。

しかし，そのような自治性を追求する一方で，総合計画があまり個別具体的な問題に触れていないのが気にかかる。多くの自治体では総合計画に具体的な数字としての将来人口予測を立て，それに対応した施策を考えていくスタイルが一般的であるが，湯布院町の場合，「今日の湯布院町を取り巻く状況は，国際的にも国内的にも流動的であり，将来的に不確定な要因が極めて多い。この状況のもとで積極的な施策推進の方向を堅持することは当然であるが，個々の施策が人口の安定的成長にどれだけ寄与しうるかを明確に見通すことは困難である」という理由から目標・予測人口を設定していない。もちろん過疎地域の自治体であれば人口の増減，特に減少にナーバスにならざるを得ないが，それでもやはりある程度の見通しを立てた上で始めて過疎に対する政策や新規町民の獲得策など具体的な取り組みが見えてくるのではないだろうか。

若干関連するが，湯布院町の総合計画で特徴的なのは具体的な施策についてあまり語られていないことだ。市政の方向性についてはよく理解できるが，それらの実現のための具体策についてはあまり載せられていない。この総合計画は10年をスパンとして作られた，と書かれているが，確かにさまざまな影響を受けやすい小規模自治体の場合，細かな政策について綿密に計画を立てたとしても，実現できない場合も十分にあるのかも知れない。そのような状況にあっては総合計画は具体策よりも方向性に限定し，実際の政策に関しては設けられている地区別のブロックの中で住民と一体になって進めていくというのも１つのやり方なのかも知れない。

第３項　兵庫県姫路市の総合計画について

(1)　策 定 過 程

1997年12月	ひめじ21世紀会議	産・官・学の有識者で構成され，「21世紀・姫路の都市ビジョン」を議論（1999年３月まで）
1998年８月	１万人市民アンケート	新総合計画策定のため，満15歳以上の市民１万人を無作為抽出し，市の将来などについてアンケート
	施策開発研究会	若手職員からの提言を集約
	新総合計画ニュースの発行	策定経過の公表，意見の反映（2000年度まで）
12月	新総合計画策定方針検討会	助役，収入役，職員で構成され総合計画策定に当たっての指針として「総合計画策定方針」「総合計各基本構想骨子」を定める
1999年	策定審議会委員の公募	市民から審議会委員を公募（様々な分野から５人が参加）
7月	策定委員会設置 策定審議会設置 総合計画策定に関する全庁説明会	
9月	総合計画のホームページ開設	策定過程の公表・市民の提案の募集
2000年３月	基本構想中間案策定	
8月	児童絵画・市民写真の公募 実施計画案の作成	夢や将来の姫路の姿を描いた絵画，姫路を紹介するのに相応しい市民写真の公募（総合計画に掲載）
10月	基本計画・原案の決定	
12月	基本構想の議決	
2001年３月	総合計画書，実施計画書の作成	

⑵　総合計画の基本的な柱と具体的な施策

①　市民がともに創るまち

・市民によるまちづくりの推進

・共生のコミュニティづくり

・世界との交流

②　安心して健やかに暮らせるまち

・ふれあいのある福祉―高齢者／障害者／児童福祉の充実

・生涯にわたる健康づくり―地域保険医療の充実

・安全・安心のまちづくり―防災対策，救急救助体制の整備

③　楽しく学び文化にふれあうまち

・生涯にわたる学習―学校教育の充実，高等教育等の推進

・個性ある姫路の文化―世界文化遺産「姫路城」

・人権尊重のまちづくり―人権の尊重，男女共同参画社会の形成

④　活力あふれるたくましいまち

・産業・経済の振興―地域産業，観光，農漁業の振興

・総合的な交通体系の構築―広域／都市内交通体系の整備

⑤　魅力ある快適なまち

・快適な生活のための基盤づくり―道路の整備と駐車対策，その他社会資本の整備

・魅力ある都市空間づくり―緑化の推進，都市景観の形成

・環境と共生するまちづくり―環境の保全と創出

⑶　考　察

2001（平成13）年に作られた，非常に新しい総合計画である。また姫路市は総合計画を頻繁に改定しており，今回の全面改定の前にも1996（平成８）年に新しい内容を盛り込んだ改定版を製作している。

策定過程から，また総合計画の内容からも明らかになるように，作成に当たっては市民主体であることを重要な要素として考えているようで，１万人アンケートを始め市民の意見を吸い上げるイベントや手段を多数用意している。審議会に市民が公募により参加でき，直接策定作業に参加する手段も用意されている。ウェブサイト⑽も大変充実しており，300頁にも及ぶ総合計画がダウンロードできるほか，策定過程における審議会の議事録，アンケートの結果と分析，寄せられた市民の意見を公開するなど広報手段として有効に利用されている。それらを利用することが難しい人にも新総合計画ニュースとして情報の供給策が取られている。

内容として特徴的なのは，非常に具体的な視点から全体が整えられていることである。他の自治体の総合計画と同じように基本的な柱を軸に施策が固められているが，その柱も抽象的な理想像ではなく，具体的な計画によって分けられている。また策定段階から実施計画案が並行して作成されており，総合計画をすぐに実行に移すことが可能になっている。

これらのことから姫路市のスタンスとして総合計画の価値を高いものとみなし，市民の総意を得た上で策定された総合計画に基づいて行政を行う意思がみえてくる。そうであればここで挙げられている総合計画が実際にはどう実行に移されているか，また時間とともに明らかになってこなかった点はないか，などの事後の分析を綿密に行い，かつ公表する作業が求められるだろう。市民参加を前提にしているのであるから，参加を拡大して行くためには可能な限り多くの情報をまずは市民と共有することが必要だ。

⑽　姫路市総合計画ＨＰ（http://www.city.himeji.hyogo.jp/shinsougo/index.html）。

現段階でもそのための試みは数多く行われているようであるが，求めに応じて与えるのではなく，さまざまな手段を通して積極的に情報を頒布して行く姿勢が今後も求められるであろう。

第4項　他の自治体総合計画と比較しての日田市総合計画への評価は

第1節，第2節で考察した通り，日田市においてはまちづくりの基本計画が総合計画を通して定められ，かつ実行に移されていることがわかった。では本節で考慮した他の自治体の総合計画と比較して，日田市総合計画が「まちづくり権」を主張できる程，内容のはっきりしたものとして存在しているかを相対的視点から考察してみたい。

総合計画が有意義なものになるためにはある程度の具体性が必要であることはすでに述べた。その点から日田市の総合計画を考察すると，市内を区域分けし，それぞれに合った開発の方針が示されている。住民が生活していく上ではただ住環境の点についてのみを語ることはできない。行政区域の中に産業を受け持つところ，あるいは住居としての役割が大きいところ，開発を抑制し歴史的な文化財としての役割を担うところ等，同じ市内でも様々な役割が必要である。それらの役割を重視してもっとも良くそれらが果たされるように策を講じていく必要がある。そのような意味で市内を区割りしてそれぞれに見合った計画を立て，施策に反映させていくことが必要である。その点に関しては日田市総合計画でも配慮が払われており，目的にあったものになっているといえるだろう。

さらに日田市総合計画では観光地としてより高い地位を得ていくことが目標として掲げられていることは注目に値する。第3節のはじめに取り上げた同じ大分県の湯布院町は近年観光地として大きな成功をおさめているところであるが，同町の総合計画は観光について全く触れていない。したがって仮に湯布院町が今回の日田市と同じような状況におかれた場合，総合計画を通して「まちづくり権」を立証することは困難であると考えられる。これに対して日田市では観光地としてより良い場所になることをまちづくりの要素として重視していることが理解できる。そうであれば今回の場外車券売場の設置によって観光地としての良い要素に悪影響を与えるような事態が予想される場合，総合計画の実行に大きく影響してくる。総合計画をまちづくりの設計図だと考えればそのような事態は「まちづくり権」の侵害に当たると解釈されることになる。

これまで「まちづくり」として捉えられてきたのは多くの場合，実際にかたちを作っていくこと，さらにいえば公共事業による社会インフラ整備行動的な概念であった。しかし「まちづくり」が住民のための暮らしづくりとして真の力を発揮するためにはそうした非常に狭い概念から語られるものでは不十分で，設備が整うことによって必ずしも住民の満足度が高まるようなことはあり得ない。

今後さらに総合計画を「まちづくり権」の表象として強く擁立していくために，今回考察した姫路市総合計画の策定過程における積極的な市民参加を日田市においてもより高度に取り入れていくということが必要かも知れない。姫路市のように総合計画が住民主体であることに対して担保が得られていれば，何らかの事態に対して「まちづくり権」をもって抗弁することが大きな説得力をもつことになる。第３章で考察したように，「まちづくり権」が単に行政のみに認められた権限ではないのであるから，その実行にはやはり市民の直接の参加を考えることが求められる。そのためには総合計画の制定に市民の声をより拾い上げる，またそのために積極的な情報の開示・提供をするといったパブリック・コメントの具体化を進めていくことも不可欠となっていくであろう。

〈コラム１〉　ニセコ町のまちづくり

本文中でも示しているとおり，まちづくりを実質化していくためには，行政と住民との間の徹底した情報共有が必要である。わが国で，もっともこの点を制度的に進めている自治体の１つが北海道ニセコ町である。情報共有と未成年者を含む参加のシステムについて同町のまちづくり基本条例から学べることは多い。総合計画策定における住民参加の保障についても条例に規定が存在する。条例は http://www.town.niseko.hokkaido.jp の例規集から検索することができる。

第４節　総合計画からみる「まちづくり権」とは

第１節から第３節までの検討で，自治体総合計画の概要，日田市における総合計画とその実践，相対的に見た日田市総合計画とこれからの発展について目を向けた。それを踏まえ，本節では自治体総合計画と「まちづくり権」の関連について考察する。

自治体が「まちづくり権」を持つのであれば市政のさまざまな局面で「まちづくり権」の発動が見られるはずである。また逆に，「まちづくり権」を有するからこそ自治体が包括的で具体的な「まちづくり」に関して手を加えることが可能になる。そのような「まちづくり権」の立証という側面と，「まちづくり権」の具体化という側面の両方の意味において自治体にとって総合計画は非常に重要であり，有用である。また第３章で定義したように，「まちづくり権」とは客観的，具体的な事柄だけではなく，まちの持っている，あるいは持ちたいと考えているイメージのような抽象的なまちの理想像まで含まれる，と考えられる。以上の観点からもう一度日田市総合計画を総括する。

本章第１節で日田市総合計画の内容について検討した。そこでは市政の基本理念として経済的な繁栄の追及と同時に文化的側面を重視していく，という点が強調されている。そのような方策はまさに市民への直接的な利益の付与よりも日田市の目に見えない価値を高めていく，イメージとしてのまちづくりが志向されている。さらに第２項で検討したように，市域全体においてそうであるとはいえないが，部分的にはそうしたイメージを高めるための具体的な施策が施されていることが確認できた。自治体が総合計画という公的な形で特定のイメージを持ち，その実現に必要な施策を行う，という過程はまさにまちづくりの具体化された姿であり，やはり保護・尊重すべきであるといえるだろう。

一方，「まちづくり権」が保護され，ある程度の対外的効力を保障されるのであれば，逆にその正当性についても確固とした根拠が必要になるのではないだろうか。なぜなら「まちづくり」とは当然そこに居住する住民に第１次的な利益をもたらすものであるからだ。それを満たすためにはやはり市民の要求が時間をおかずに反映される制度が必要であると考えられる。本章第３節でも述べたようにその機能を果たす仕組みの１つが市民参加を交えた総合計画の策定である。第３節では姫路市の総合計画策定の流れを例として取り上げ，具体的に総合計画策定において市民の声を直接反映させるシステムを構築することも可能であることを考慮した。もちろんそのような方向性が実際に市政や「まちづくり」においてどのようにプラスに作用するのか，あるいは何らかの不具合を孕むのかについてはある程度の時間の経過を待たなければならないのかもしれない。またそのことを明確にするためには事後評価を客観的に行うことのできる制度設計も必要となるであろう。

いずれにせよ，総合計画がより市民主体なものになるよう手続的な面を改善していくことによって，「まちづくり権」の具体的な表出として自治体総合計画をより意味あるものにし，さらには今回の日田市のケースのようになんらかの自治体の望まない方向への変化に対し，「まちづくり権」を持ち出す場合の根拠として法的にも明確に示すことが可能になると考えられる。

〈コラム２〉「美の条例」

まちの景観や生活基盤をつくる土地利用や建物建築は，まちづくりにおいて重要な地位を占める。いくつかの自治体では「まちづくり条例」が制定されているが，これらは建築行為などの土地利用を規制したものがほとんどである。その中で神奈川県真鶴町の「美の条例」は，従来の技術的な数値基準ではなく，「静かな背戸」「海の青さと森の緑に溶け込む色」など真鶴町のもつ価値や美しさを表わすことばを基準としているところに特徴がある。また，手続の透明性，住民参加を盛り込んでいる点も重要である。「美の条例」は，そのまちがそのまちであることを体現させるための規範となるものであり，これはまさに「まちづくり権」の実践であるといえよう。五十嵐敬喜（ほか）『美の条例』(学芸出版社，1996年）参照。

第5章　自治体が国と争うことの意義と困難性

序　なぜ自治体は国と争うことを控えてきたのか

2000(平成12)年4月の地方分権一括法による地方自治に関する法令の大改正は，何のために行われたのか。戦後，日本国憲法第8章に「地方自治」が置かれながら，自治体は50数年もの間，その実質的権利を事実上行使できなかった。今回の地方分権改革は，自治体を国の対等で自立的なパートナーとして位置づけ，その自治権を有効に行使できるきっかけとなるのであろうか。

これまで，自治体にとって国は親のような存在であった。自治体は不足する生活費を国から送金してもらい，国は自治体に対しその使い途をあれこれと指図してきた。長年にわたり，国は自治体より優越的地位にあることを前提とした法律や手続が行われ，過干渉，過保護な環境の中で，自治体もそれにどっぷりと浸かっていた。

地方分権改革前，機関委任事務について国と自治体の間に紛争が生じた場合には，国は改正前の地方自治法151条の2による長に対する職務執行命令や改正前の国家行政組織法15条による指揮監督，職務執行命令訴訟といった権限をもって，国の意思を優先させてきた。

そのためか，過去，自治体が国に対して提起した訴訟の数は極めて少ない。摂津訴訟，大牟田市電気ガス税訴訟，逗子市池子訴訟などわずかに数件であり，その全てが自治体側の敗訴である。この訴訟の少なさは，自治体が国の処遇に満足していたことの証明ではない。自治体にとって極めて不本意な処分が行われていても，自治体はただちに国に対して苦言を呈することができない事実上，財政上および訴訟上の問題があった。

それは，１つには，国と自治体の紛争処理システムの使い勝手の悪さである。紛争処理システムとしては，民事訴訟，刑事訴訟という一般的な訴訟ももちろんあるが，国の公権力の行使に対する不服は行政事件訴訟法による抗告訴訟で争うことになる。しかし，行政訴訟では原告適格や出訴期間などの訴訟要件が非常に厳しく，審理も長期にわたるうえに，救済事例も全くないために，自治体としても訴訟を提起することに二の足を踏むことになる。そのため，行政事件訴訟の数が少なくなり，ますます行政知識，行政法知識に不案内な弁護士や裁判官が多くなることにもなる。２つめには，自治体が訴訟などを起こして国を怒らせてしまうと，現実に補助金等がもらえなくなる等の不利な仕返しを受けることも多く，こういった財政的理由，心理的抑圧から自治体側は泣き寝入りを強いられていたといえる。

このように，第三者である裁判をもってしても国と自治体の紛争を解決することが困難であると認識されてきたため，分権改革では，国と自治体を対等協力の関係で紛争解決を図ろうとする制度が設けられた。これが国地方係争処理委員会である（地方自治法250条の７）。

〈コラム１〉　国地方係争処理委員会とは

この委員会は総務省に置かれ，委員は優れた見識を有する者のうちから，両議院の同意を得て総務大臣が任命する。委員会の所掌事務は，国の関与について不服のある地方公共団体からの審査の申出に基づいて審査を行い，国の関与が違法等であると認めた場合には，国の行政庁に対して必要な措置を行う旨の勧告，公表等を行うこととしており，総務省自治行政局行政課に庶務がおかれている（地方自治法250条の７以下，地方自治法施行令174条の２）。この勧告には法的拘束力はないが，公表等を行うことで，その尊重は強く求められるものと考えられている。

横浜市の新税事件では，関与したのが総務省，審査を行う委員会の庶務機関も総務省では，はたして国民の信頼が得られる制度といえるであろうか。

自治体が真なる自治権を回復していく過程には，国と自治体との「**法的対話**」が非常に重要なポイントとなる。過去に提起された自治体の国に対する訴訟は，「地域のまちづくりは地域で」という主張，つまり，「まちづくり権」獲得への闘いの芽生えであったといえる。

しかしながら，当時は，国と自治体が同じテーブルに着き議論することはできなかった。日照権やインフォームド・コンセントを受ける権利，嫌煙権等のような新しい権利が社会的に認められるまでに一定の時間を要したように，古くから存在しながら法的論理構成が遅れていた自治体の「まちづくり権」が認められるまでには，こういった過去の訴訟が踏み台となっていくのであろう。もし，同様の訴訟が自治体から次々と提起され，世論が高まっていたならば，地方分権の波はもっと早く訪れ，自治体からの突き上げによって変革をもたらし，自治体の「まちづくり権」はすでに実現していたのかもしれない。

本来，行政の担い手である国や自治体の究極の目的は，効率的に効果的にその役割を分担し，お互いを尊重し，協力して国民の幸福を実現することである。国と自治体が不毛な争いに終始することは得策ではなく，一方だけに我慢を強いることや紛争を長期化させることも無益なことである。

この章では，過去に自治体が国に対して提起した訴訟について検証し，さらに，地方分権改革によって制度化された国地方係争処理委員会が，果たして裁判所に代わる有効な紛争処理システムとなりうるのか，また，国と自治体との間で「まちづくり権」を争うときの「法的対話」にもっともふさわしい争訟形態などについて探っていきたい。

〈コラム２〉「法的対話」とは

日本でも，最近よく使われるようになってきた「法的対話」という言葉は，もともとは，ドイツの基本法（1949年制定の憲法）103条１項の「法的対話」（Rechtsgespräch）に由来する。

これは，人間を裁判手続の単なる客体にとどめず，対等な当事者として対話しなければならないとしている。たとえば，ドイツの不服審査や訴訟では，法を知らない市民への配慮が多く，ファクスやハガキでも裁判を正式に起こしたものとして扱われ，また，争訟の全体にわたって，書面や弁論の形式・要件にはあまり拘らない柔軟な対応がなされている。何人も，法的な場で，納得のいくまで話を聞いてもらえる，そのための実効的な権利保護の機会を保障する仕組みや考え方は，日本ではまだほとんど存在しないといえよう。木佐茂男『人間の尊厳と司法権』(1990年)第７章参照。

本来，法的対話は，不服審査や訴訟に限らず行政活動のすべての場面で必要なものである。また，これからは，行政と住民との間の法的対話のみならず，自治体と国（中央省庁）との間の法的対話も不可欠である。

第１節　これまでに自治体が国に対して提起した訴訟について

第１項　摂津訴訟の概要

【事　実】

摂津市は，児童福祉法52条（以下，児福法という）の規定に沿って，大阪府知事の認可を得て措置児童のための保育所を４ヵ所設置。用地取得費を除き，工事費・設備費92,729,990円を支弁した。

当時の児福法52条，51条２号，同施行令15条１項および16条１号によれば，各年度の保育所設置にかかる市町村支弁費額から寄附金等の収入額を控除した精算額の1/2を国庫が負担するとあるため，本来国庫負担金額は46,364,995円となるはずであった。

しかし，厚生大臣は，補助金等に係る予算の執行の適正化に関する法律（以下，適正化法という）５条，６条に基づく申請・交付決定手続きにより，国庫負担金額を４ヵ所の保育所で総額2,500,000円（設置費の約1/37）と交付決定した。

現実には，国は摂津市の申請を受ける前に事前協議を行い，保育所４ヵ所のうち，２ヵ所に100万円と150万円の内示額を，残り２ヵ所には内示を行わなかったため，摂津市は国の行政指導に従った内示額で交付申請を行い，その申請額どおりに交付決定はなされている。

そこで，摂津市はこれを不服として，地方財政法20条の２に基づき国に対して意見書を提出したが何ら回答が得られなかったため，厚生大臣を相手に，残額43,864,995円の国庫負担金の支払いを求めて当事者訴訟を提起した。

原　告（摂津市）	被　告（国）
①　児福法52条等は地財法11条を受けた規定であり，措置児童を入所させる保育所の設備費用にかかる国庫負担金額は，これに基づき算出される。 （1/2を国庫が負担すべきもの）	負担金の債権債務関係は適正化法による交付決定があって初めて生じる。 社会福祉施設の整備は国家的な見地から，補助金等の計画的・効果的活用が要請されるので，厚生大臣の広範かつ専門技術的な裁量を伴うもの。
②　適正化法は，補助金等の前払	

金・概算払金の適正使用を定めた手続法にすぎない。 　補助金等の交付決定は公定力を伴わない形式的な行政処分→当事者訴訟を提起できる。 ③　国庫の便宜と都合を優先させ，地方公共団体に負担を転嫁するのは憲法92条の「地方自治の本旨」に反するもの ④　事前協議により，事実上の申請額となる極めて低い内示額での交付申請を強要されたことは，自主財政権の侵害であるとして損害賠償を請求	↓ よって，摂津市は負担金支払請求権を取得していない。

【判　決】 第二審判決　　東京高判昭55（1980）年７月28日判例時報972号３頁

請求棄却

①　児福法52条等の規定は，負担金交付が国の裁量によるものではなく義務的なものであると定めたもので，交付額は市町村の現実の支払額を基準とするものといえる。(原告の主張を一部認める)

②　しかし，国が負担金を交付するに当たって，これを判定するために国の監督権限は必要である。

　従って，適正化法による交付決定を経由することで，補助金等の具体的請求権は発生する。

　(適正化法５，６条)→形式的な行政処分ではないので，摂津市は抗告訴訟で争うべき。

③　摂津市からは未だ適正化法に基づく交付申請は行われておらず，交付決定はなされていないため，残額43,864,995円についての負担金請求権は発生していない。

④　内示額は極めて低額ではあるが，事前協議・内示の制度は，適正公平かつ計画的能率的に交付決定するためすでに慣行化しており，控訴人もその行政指導に従っているのであるから，これを違法又は著しく不当な行為とはいえない。

第2項　大牟田市電気ガス税訴訟の概要

【事　実】

大牟田市は，1950（昭和25）年制定の現行地方税法にもとづく市税条例(条例33号)により，電気ガス税を徴収していた。ところが，現行地方税法489条1項，2項において，アルミニウム，石炭など特定産業の産業用電気の消費に対して，非課税措置をとっており，これら非課税品目を製造，採掘する工場が広がる大牟田市において，全市における電気消費量の大半を占める巨額の税収を失っていた。1973（昭和48）年度において非課税とされた税額は約5億6000万円にも上る。

そこで大牟田市は地方財政の危機を救う見地から，この非課税措置により同市固有の課税権を侵害され，巨額の損害を被ったと主張。1975（昭和50）年4月，国を相手に非課税措置の対象となった電気消費量につき，1973(昭和48)年度に課税した場合の4分の1に相当する1億4,106万円と合わせてその遅延損害金の支払いを求めて国家賠償法1条1項による訴訟を提起した。

電気及びガスに対する消費税は1942（昭和17）年電気瓦斯税法により国税として創設されたが，1946（昭和21）年に廃止された。その後相当数の地方公共団体において法定外独立税として賦課徴収されていたが，1948（昭和23）年地方税法の改正により都道府県の独立税として電気ガス税が設けられ市町村はこれに付加税を課していたが，ついで1950（昭和25）年地方税の全面改正により市町村の独立税となった。その後，1974(昭和49)年の地方税法の改正により電気税とガス税に分離されている。

原　告（大牟田市）	被　告（国）
①　憲法92条違反。「地方自治の本旨」とは地方公共団体が地方住民の住民自治に基づき団体自治を通してその固有の事務を完全に果たすための機能を有すること。自主財源はこの権能の最も重要なものであり，課税権は自主財源の中核をなすにもかかわらず，侵害することは本旨に反する。	①　原告は固有の課税権を有しない。税源配分は国家的見地からなされるべきこと，条例と法律は違う。 ②　本件非課税措置は地方自治の本旨に反しない。本旨がいかなるものかは国家が歴史的条件，政治的条件，社会的条件を総合して決定すべき社会政策に大幅に委ねられている。
②　憲法14条違反。法の下の平等で	③　本件非課税措置は憲法14条に違

地方税は私人・法人にかかわらず，等しく負担すべきである。 ③　違憲の地方税法を立法し，改廃しなかった国会・内閣の違法行為による国の責任。	反しない。いかに租税体系を組むか立法府の裁量に任されており，また本件には合理性がある。 ④　本件には国家賠償法が適用されない。

【判　決】福岡地判昭55（1980）年６月５日判例時報966号３頁

請求棄却

①　憲法上，地方公共団体について認められる課税権は，地方公共団体とされるもの一般に対し，抽象的に認められた租税の賦課・徴収の権限であって，憲法は特定の地方公共団体に具体的税目についての課税権を認めたものではない。

②　電気ガス税という具体的税目について，地方公共団体の課税権は固有の権利ではなく，地方税法５条２項によってはじめて認められるものである。

③　電気ガス税に関する非課税措置を定めた地方税法の規定は，地方公共団体の自主的課税権を侵害するものではなく，憲法に違反するとはいえない。

④　特定産業に対する生産用電力消費についての電気ガス税の非課税措置を定めた地方税法の規定は，地方公共団体の課税権の侵害ということはできない。

第３項　逗子市池子訴訟の概要

【事　実】

国は，1982（昭和57）年準用河川である池子川に隣接する池子弾薬跡地に米軍家族住宅の建設を計画し，環境影響評価のための調査に入り，建設計画に着工した。

これに対し，逗子市では反対運動が起こり，1983（昭和59）年に反対派の市長が当選した。

その後，環境アセスメントの結果，池子川の洪水対策のために防災調整池及び池子川付替工事が必要とされ，1987（昭和62）年国の行政機関である横浜防衛施設局長は，これらの工事が河川法８条に該当するとして，河川管理者である逗子市長に対し同法95条，20条による協議を申し入れたが，逗子市に反対され協議は成立しなかった。そこで，国は防災調整池予定地に仮設調整池を建設することに変更。これは河川法8条に該当しないとして逗子市に協議を求めず，県知事から環境影響予測評価書変更の許可を得て工事に着工した。

これに対し逗子市は，仮設調整池工事は河川法8条にいう河川工事に該当するもので，河川法95条，20条の協議が成立しない以上工事を行うべきでないとして，河川法75条1項1号に基づいて，1989（平成元）年9月20日に工事中止命令を発し，同月25日に工事差止めの仮処分を申請したが，同年12月13日にこれを取り下げられ，工事中止の義務履行を求めて民事訴訟を提起した。

原　告（逗子市）	被　告（国）
①　準用河川の管理は国の機関委任事務とされているが，準用河川は市町村長の指定で，その管理費も全額市町村負担であるから，実質的に市町村の固有事務である。 ②　準用河川の管理に対する国の指揮監督権は，職務執行命令訴訟等のような上命下服関係の国の行政機関とは異なり，管理者の自主独立性が保障される。 ③　河川法95条の規定は，事業主体が国であるか私人であるかを問わず管理権が及ぶことを意味する。従って，国は私人同様，管理権に服すべきであり，両者は法律上異なった法主体の関係に立つ。 ④　仮設調整池設置工事といえども，実質は，河川法の協議の対象である。従って，河川法20条，95条の協議が成立しない限り，この工事は違法である。 ⑤　河川法には強制的規定はなく，行政代執行もできない。工事中止の義務履行を求める民事訴訟を提起できる。	①　準用河川である池子川の管理は，国の機関委任事務である。したがって原告は，国の指揮監督権下にある。 ②　この訴えは，形式的には国とその機関である逗子市との争いであり，実質的にはいずれも一個の法主体としての国の機関である横浜防衛施設局と逗子市の河川法の解釈をめぐる国の行政府内部の意見対立であるので，最終的には内閣の責任と権限によって解決されるべき事柄である。したがって，裁判所法3条にいう「法律上の争訟」に該当しない。また，行政事件訴訟法42条「訴えの提起」の要件を満たしてないので，同法6条「機関訴訟」にも該当しない。 よって本件訴えは不適法である。

【判　決】 第二審判決　　東京高判平4（1992）年2月26日判例時報1415号100頁

請 求 棄 却

① 河川管理は，河川法の目的と水系一貫管理の理念からも，その管理は広域的・総合的に行われるべきであり，本来的に国の事務と解すべきである。管理費用の負担についても，受益の厚薄に応じての定めであり，河川管理の帰結に関わるものではない。

② 準用河川の池子川の管理は機関委任事務であり，市町村長にあっては国又は地方公共団体の長の指揮監督を受けなければならない（地方自治法150条)。また，職務執行命令訴訟の設置の趣旨とも矛盾しない。したがって，地方公共団体の長は国に対し独立した地位ないし利益を有するものではない。

③ 原告と被告の法律上の関係は，地方公共団体の河川管理事務と国のそれ以外の事務は共に国家意思を淵源とするものであり，本件の原告と被告の関係も共に国の一機関であり，一個の法主体内部の紛争として，最終的には国の行政権の属する内閣の責任と権限において，解決されるべきことである。

※高裁判決では国の機関相互間の紛争について，最終的に訴訟による解決を制度論として認めている

④ 以上のことから，本件訴訟はいずれも法律上固有の利益を持って対立する独立した当事者間の紛争とは言えず，裁判所が審判すべき法律上の争訟にあたらない。

第2節　摂津訴訟，大牟田電気ガス税訴訟，逗子市池子訴訟の今日的検証

第1項　摂津訴訟の場合

摂津訴訟は，中央集権的体制の骨格でもある補助金行政の実態を，一地方自治体が初めて裁判で告発したもので，従来から地方財政を圧迫し，財政秩序を乱すといわれてきた超過負担の問題を明確に浮かび上がらせた（地財法2条2項違反)。さらに，国の一機関（内部の上下の組織）のように扱われてきた地方自治体が，初

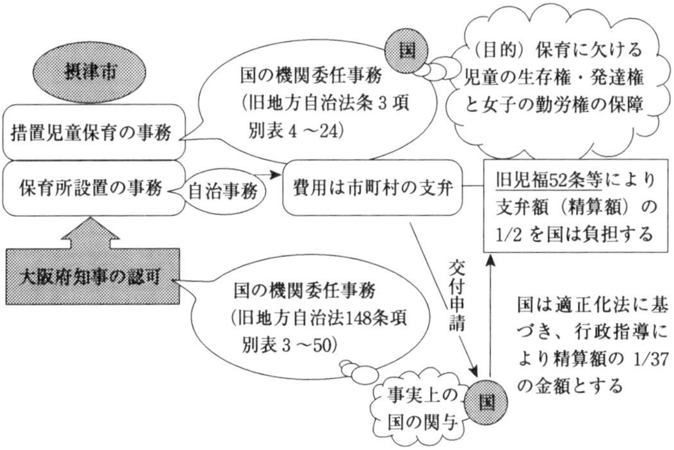

めて国を相手に訴訟を提起したものであった。

(1)　摂津訴訟が与えた影響

①　児福法の改正

この判決を契機として，国は1973（昭和48）年政令371号により施行令改正を行い，厚生大臣の承認を受けた児童福祉施設については，厚生大臣の定める基準額により費用を負担すると変更した。つまり，初めて算定基礎が定められ，定額打切から基準額の定率方式に切り替えた。しかし，国の定めた算定基礎は極めて低額で，現実には自治体の債務超過は解消されていない。

②　自治体の超過債務負担の解消への市民運動を開花させた

この訴訟は，1974（昭和49）年，保育所運営費に関する国分寺訴訟，1976（昭和51）年，農業委員会費に関する筑後訴訟，同年，義務教育学校施設費に関する下松訴訟の提起へとつながった。これらは，自治体が国に国庫負担金等の請求を怠ったとする代位訴訟という形での住民訴訟である。

⑵　分権改革後に残された課題

その地域にどの程度のどういった設備を備えた保育所が必要であるのかといったきめ細かい判断は，個々の自治体にしかできないことである。一般に，分権改革後，機関委任事務が廃止され，多くの事務が市町村，都道府県の自治事務となった背景には，そのような考えがあったからであろう。

しかし，児福法が定める措置児童のための保育所設置は，少子化の歯止め，および，女性の勤労権の保障というグローバルな政策目的も併せ持っているものである。

従来，自治体の財政力は脆弱であり，国との財政調整についても事務量とのバランスが図られていないため，一自治体で完結的に取り組める課題ではない。したがって，国は保育行政を大局的に捉えながら，自治体の事務が最大限有効に行えるように大枠での財政的支援を行うことが，現時点での国の役割ではなかろうか。国が個別に経費の箇所付けを行うというのは，自治体が判断すべき事柄に深く干渉し，判断を操作するものであり，自治体の自立性や自主性を損ねるものである。

①　国庫負担金請求権の発生原因は何か

児福法52条等と地財法10条の３，11条，適正化法５，６条など，各々が競合する法令の解釈という難しい問題がある。わかりやすい行政を目指すには，これらの法律の適用順位を予め明確にすべきではないのか。

②　負担金と補助金を同一に規定する適正化法の問題性

国庫支出金は，国庫負担金（地財法10条〜10条の３，34条），国庫委託金（地財法10条の４），国庫補助金（地財法16条）の３種に区分できる。国庫負担金の特徴は，国が支出する義務を負うものとされ（地財法11条），一方，国庫補助金の交付は国の裁量的なものである（地財法16条)。

このことからも，国庫負担金と民間をも包括する補助金とを同一の適正化法で一律に規定することに無理があるといえる。自治体間に財政力格差がある現時点では国庫支出金制度の果たす役割も大きいが，将来的には個別の自主財源の確保を模索し，自治体と民間の補助金の取扱いを分別し，使途目的の規制緩和が求められるだろう。

③　申請受理前に事前協議を置くことの是非

裁判所は，長年の悪しき慣習である行政指導，事前協議，内示制度を公認した。

自治体が，なぜ国の行政指導を受入れ，法令の規定と異なる極めて低額な内示を甘受しなければならないのかといった現実の問題認識が裁判所には欠けていたといえる。

1993（平成５）年に制定された行政手続法は，官民の間のように対等な当事者ではないものに適用される。一方，適正化法は，自治体にも民間にも同様に適用される法律である。適正化法では，自治体が民間と同様に扱われ，行政手続法は，行政と行政との関係であるから適用されないというのは相矛盾した論理である。少なくとも，自治体に適正化法を適用する限りは，行政手続法の趣旨も貫かれるべきではなかろうか。いずれにしても，分権時代において，今や受理を保留し，事前協議によって内示した金額を申請させる方法は改められるべきである。

④　負担金額の問題が行政訴訟に馴染むのか

国が内示という事実上の手続によって法的には存在しえない交付決定を行っていることを，裁判所が慣習として公認するのであれば，現状の実務を前提として，その金額の当不当を争う場も併せて提供するべきではなかろうか。

とにかく，裁判所が交付決定を行政処分とする以上，結果的には自治体による提訴を門前で否定するに等しいのである。

⑤　「まちづくり権」と地方財政

児福法という実定法で費用負担の割合が明示されていた（当時）にもかかわらず，行政指導で金額を操作して，一方的に地方公共団体に負担を転嫁するのは，憲法で保障する自治体の自主財政権の侵害にあたるといえる。

共働き家庭の多かった摂津市にとっては，保育所設置は基幹的な政策であった。当時，「ポストの数ほど保育所を！」という運動が広がっていた時期であり，まさに，摂津市のまちづくり権そのものの侵害であった。

⑥　現在なら国地方係争処理委員会の手続に乗るのか？

摂津訴訟が分権改革後に起こったと想定したい。保育所を建設するにあたっての認可は，民間団体が設置する保育所と同種のものであるから，地方自治法がいう「国の関与」には当たらない（地自245条カッコ書き。すなわち，自治体が「固有の資格」で受ける認可ではない）。そのうえ，負担金の額に対する決定も関与ではないため（同245条カッコ書きにある「国又は都道府県の普通地方公共団体に対する支出金の交付」に係るものとなるから），係争処理委員会に審理を申立てることはできない。結局，補助金適正化法上の手続か民事訴訟に頼るしか方法はないのではなかろうか。

第２項　大牟田市電気ガス税訴訟の場合

大牟田市訴訟は３割自治や地方財政の危機が叫ばれている中で，地方公共団体の自治権とは何か，憲法上保障されている財政自治権の内容，そして具体的には国の法律による自治体の自主課税権の侵害を訴える自治体側からの画期的な抵抗訴訟であった。

(1)　大牟田市判決が与えた影響

本件一審判決の結果は，請求棄却であった。その後，原告はこの判決を不服として控訴したが，市情勢の変化等により，控訴審では実質的な弁論に入ることなく，訴えが取り下げられて終了した。その意味では事実上，一審だけの判断であるが，本訴訟が投げかけた問題の意味は大きい。本事件で提示された重要点は以下のようなことである。

①　地方自治体課税権を憲法問題として争ったこと。

②　憲法92条にいう「地方自治の本旨」の意味が裁判上で問われたこと。

③　地方税を通じて租税特別措置の合憲性が争われたこと。

等であるが，これらは実は多くの自治体が抱えてきた問題でもある。

判決は，地方自治体の課税権が憲法上保障されたものであるという判断を示す一方で，憲法上の地方自治に制度的保障説を採用し，地方税に関する事項の規律について，法律の役割を重視する考え方を述べた。その点では，憲法上の建前とは別に，実質的に法律制定至上主義を採ったともいえよう。

この事件は，その判決後さほど注目されることもなかった。地方税のあり方は，法律でいかようにでも定めることができるという通説・判例の考え方を採っているため，こと改めて耳目をひく判決となったわけではない。おそらく，摂津訴訟や後述の逗子市訴訟よりも，勝訴できるはずのない無茶な訴訟という評価が一般的であったと思われる。そのため，最近の分権改革論議，さらには後掲の地方分権推進委員会の最終報告における地方税財政改革の提言の中にもまったく言及されることなく終わっている。

ここでは，判決の内在的な論理の研究という目的ではなく，ここで争われた事件が，新たな分権改革の下で制度化された国地方係争処理委員会での手続という仕組みによって，国－自治体間の法的紛争の処理手段として馴染むものかどうかを検証してみたい。

⑵　分権改革後に残された課題

上記のように，今回の分権改革においては，税財政問題は手つかずで終わった。しかし2001（平成13）年６月14日に地方分権推進委員会から出された最終報告は地方税財源の充実確保策に相当の力点を置くものであり，第２次分権改革の最大のテーマとされている。そうなると，この地方財政問題は，国際的基準による財政調整制度への配慮なども考慮して解決を迫られる問題になってくる。

地方財政が問題であるといっても，国の財政が危機的状況にある中で，とりわけ自主課税権の重要性についてもいっそう注目されるようになってきた。いうまでもなく，地方分権を進める中で自主財源の増強は重要な柱である。この自主課税権の行使をめぐる最新の問題については，以下に別途，横浜市の新税問題として取り上げよう。

大牟田市訴訟は，新税立法を争うものではなかったが，この訴訟を現時点で，国地方係争処理委員会で争うことが可能であるだろうか。この事件は，国の租税立法である地方税法により非課税措置が採られていたのであり，こうした立法的措置は，いわゆる分権改革後の国からの自治体に対する「関与」には当たらないのである。そのため，今後とも，自治体財政を直接に国の立法で左右する行為があった場合には，本件訴訟と同様に，直接に裁判所で争うことにならざるをえないため，国地方係争処理委員会の出番はないものと考えられる。この点では，後述のように総務省の「関与」があった横浜市事件とは異なるところである。

第３項　逗子市池子訴訟の場合

概要で述べたように，この事件は，1989(平成元)年，逗子市長が「地方公共団体の長として執行する機関委任事務と地方自治の原則」との関係，また国と自治体との間の「法律上の争訟性」をめぐる諸問題を取り上げた民事訴訟となったが，本来は，いわゆる安保問題と地域の緑保全を論点とするものであった。

裁判は，1991（平成３）年地裁の請求棄却判決，1992（平成４）年高裁の控訴棄却判決，1993（平成５）年最高裁の上告棄却判決(権利義務帰属の主体たり得ない行政庁としての市長の訴えであるため不適法である）により結審した。

この判決を今日的視点から検証してみると，日田市訴訟を考える上で大きな示唆を与えるものと思われる。

⑴　逗子市池子訴訟判決が与えた影響

この訴訟の判決は，国(防衛施設局）と逗子市との関係を「一個の法主体内部」のものとして扱った。以後，国と自治体との間で少々の法的見解の相違があっても，裁判所を介入させて紛争を処理することを避ける決定的な判決になったものと思われる。

逗子市池子訴訟の争点を包む地方自治法制の環境は，判決当時より大きく変化した。

この判決が結審した後，1995（平成７）年に，地方分権推進法(当初，５年の時限立法）が成立した。この法律は，国と地方公共団体との役割分担（４条）や，地方分権の推進に関する国の施策（５条）を明記し，地方分権推進計画の作成を義務付け（８条）ている。この計画に基づいて，1999(平成11)年，日本の戦後地方自治法制の大転換ともいえる「地方分権を図るための関係法律の整備等に関する法律」(いわゆる地方分権一括法）が成立したことは，本書では周知の事柄である。

新地方自治法では，いうまでもなく，①国・地方の役割分担の変更，②機関委任事務の廃止に象徴される国と地方の事務区分の変更，③国・地方関係の新たなルール化（国の関与と係争処理の法定化）など，多くの改革が行われた。そこで，以下，新地方自治法や現行の河川法を見て，最高裁の示した結論とは異なる考え方があり得るかどうかを検討し，さらに，新制度である国地方係争処理委員会の機能可能性について検討してみたい。

⑵　分権改革後に残された課題

分権改革により，確かに事務論は大幅な改正を受け，自治事務と法定受託事務に分割された。本件で争点となったのは，河川法100条にいう「一級河川及び二級河川以外の河川で市町村長が指定したもの」である「準用河川」である。この市長による準用河川の管理の法的性質はいかなるものであり，その管理をめぐる法的紛争は，どのようなルートによって処理されることになるのかが，ここでの新しい関心事である。その場合に，逗子市は，池子の森を守るという「まちづくり」の観点から，種々の活動を行っていたが，はたして，そのようなまちづくりの観点が争訟の場に登場できるのであろうか。

このレポートを書くに当たって，まず，準用河川の管理の法的性質についてヒアリングを行った。地元の町の河川担当者は「新法のもとでの法的性質はまったくわからない」，国土交通省宮田出張所でも「わからない」との回答であり，直方市土木部の担当者も「法的性質は知らない」とのことであった。最後に，福岡県河川課に尋ねたところ，「自治事務になった」との回答が得られた。

ところが，新地方自治法の別表第一の河川法に関する部分をみると，「一　ハ（河川法）16条の３の規定により，市町村が処理することとされている事務」は，法定受託事務となっている。これは，一見すると，河川法100条の規定により市町村が管理する準用河川の管理はすべて法定受託事務のようにみえるのだが，河川法16条３項で市町村長が行っている管理は，準用河川の管理ではないとされ，確かに市町村長が行う準用河川の管理は，旧来の機関委任事務から自治事務に変わったことになる。

逗子市の事件を例にすると自治事務になったのであれば，「まちづくり」という観点から，訴訟の類型に変化が生じるのであろうか。本来であれば自治事務になったことから，国との間で紛争が生ずれば，係争処理委員会の出番と考えるのが，自然であろう。ところが，この準用河川の管理という新しい自治事務を市長が執行している場合に，国が管理者たる市長の意向とは無関係に協議も経ずに工事を始めたとした場合に，工事という事実行為を地方自治法でいう国の関与とはいわないであろうし，また，一般的にも行政処分に当たる行為とは考えられない。地方自治法上では，協議を国の方から自治体に対して求める規定は存在しないようにみえる（地自245条以下参照）。また河川法にも，市町村に対して何らかの直接執行を定める規定は存在しないのである。こうしてみると，国地方係争処理委員会の審査対象事項にはなりそうにない（地自250条の13以下）。

以上検討してみると，ここで挙げた３つの過去の事件すべてが，新設の国地方係争処理委員会での審理対象にはならないようである。

今回，準用河川の管理の法的性質については，相当数の実務家（九州以外を含む）にも尋ねたが，なかなか的確な回答を得ることはできなかった。その意味では，本書の解釈が正解であるかどうか一抹の不安が残るが，自治体職員のほとんどが，自らの行っている事務の法的性質をいかに把握できていないかという現実も分かった。

第３節　国地方係争処理委員会は紛争解決に機能するか

第１項　新税構想の続出

地方分権委員会の最終報告は，既述のように税財政の抜本的な見直しを求めている。よく知られているところでは，法定外目的税が自治体の課税自主権を拡大することを目的として創設された。それを受けて，自治体では新税構想が大きな高まりを見せている。

たとえば，①東京都の大型ディーゼル車高速道路利用税，②神奈川県の臨時企業税，低公害車優遇自動車税，③大阪府の法人府民税均等割りの引き上げ，④三重県の産業廃棄物税，⑤山梨県河口湖周辺の３町村による遊魚税などが知られている。

自治体が市町村税を創設，課税することは，自治事務である。自治法の趣旨からすれば，自治事務における国の関与はできるだけ制限されるべきものであるが，地方税法には総務大臣の同意を得る規定が置かれている（地方税法669条）。国が自治体の自治事務である地方税創設に対して関与ができるのは，いかなる場合であろうか。つまり，自治体の「まちづくり権」のひとつである財政自主権に対して，国がどこまで関与できるかの判断の問題である。

分権改革後は，その判断をする際，国地方係争処理委員会がひとつの通過機関となった。そして，その試金石となる横浜市の法定外普通税の新設問題が生じた。以下，これに焦点を当てて検討してみよう。

第2項　横浜市勝馬投票券発売税の事例から

2000(平成12)年12月14日，横浜市は市内にある日本中央競馬会の場外馬券売場の馬券売上げに課税するために，法定外普通税として「勝馬投票券発売税」の創設を内容とする市条例改正を可決した。そこで，横浜市は地方税法669条の規定に従って，2000(平成12)年12月21日に総務大臣との協議を開始したところ，総務大臣は2001(平成13)年3月30日，特別な負担を求めるべき合理的な課税の理由がない限り，国の経済施策に照らして適当でなく，地方税法671条3号の不同意事由に該当するとして不同意の通知をした。

《関係する条文》 地方税法

669条：市町村は，市町村法定外普通税を新設し，又は，変更しようとする場合は，あらかじめ，総務大臣に協議し，その同意を得なければならない。

671条：不同意事由は次の3点に限定されている。

① 国税又は他の地方税と課税標準を同じくし，かつ，住民の負担が著しく過重となること。

② 地方団体間における物の流通に重大な障害を与えること。

③ 前二号に掲げるものを除くほか，国の経済施策に照らして適当でないこと。

2001(平成13)年7月24日に出された勧告[(1)]では，まず，「地方税法の解釈・運用は，自治法2条12項で定める解釈・運用の基本原則に基づくものでなければならず」とし，自治法を基本法として位置づけた。また，国の主張する「特別の負担を求めるべき合

(1) 判例時報1765号26頁。

〔写真１〕 旧・自治省で国地方係争処理委員会事務局にインタビューする編者（右）。2000年11月。写真は，編者提供。

理的理由がない限り適切でない」については否定し，国の裁量権をこれまでよりも狭める考え方を示した。

しかしながら，関与の手続きが審査の基準の設定をせず，公表義務について不備があるとしながらも，違法，不当とはいえないとした。さらに，日本中央競馬会の事業は，中央競馬会から国の財政資金に入るシステムであることから，国の経済施策の中でも特に重要なものであり，地方税法671条３号で定める「国の経済施策」に該当するとした。

また，最後に，委員会は「日本中央競馬会にのみ税を課すことは極めて特殊，例外的な税である」こと，また，「本件に関心を持つ市町村が同じような税の新設を求める可能性があり，その影響も検討されなければならない」とし，さらに，「果たして望ましいものであったか疑問である旨の総務大臣の指摘はもっともな点を含む」等と言い添えて，「課税による国の経済施策への影響等について両者の協議が不充分であるため，国は不同意を取消し，２週間以内に横浜市と再協議すべきである」とした。

しかし，ここで疑問を抱いたのは，そもそも国地方係争処理委員会は，国の関与の違法・不当を審理する場であり，関与を受ける弱い立場にある自治体の救済を図るところではなかったかということである。しかも，法定外普通税の新設は自治事務であるが，勧告は，横浜市の当該条例の不当性判断にまで入っている。国地方係争処理委員会の説明をもって，横浜市は納得できたのであろうか。

第３項　国地方係争処理委員会勧告のその後と課題

勧告後，国と横浜市，日本中央競馬会との間で再協議が行われたか否かについては，現状ではつまびらかではない。横浜市に問い合わせても，明確な回答がないうえに，インターネットのＨＰ上も国地方係争処理委員会勧告の内容が掲載されているのみである[2]。

今回の横浜市の問題に納得がいかないのは，国地方係争処理委員会の勧告が何ら法的拘束力を伴わないことや，総務省と横浜市の紛争であるにも関わらず，国地方係争処理委員会が一方の当事者である総務省の所管となっていることではなかろうか。

2000（平成12）年４月１日に創設された国地方係争処理委員会に，これまで審理の申出があったのは，この横浜市のわずか１件だけである。

⑵　横浜市ＨＰ（http://www.city.yokohama.jp/me/zaisei/zei/kachiuma.html）。

地方分権改革後，国と地方には多くの課題が生じ，数多くの市町村と国や都道府県との関係はギクシャクしていると聞き及ぶ。そうであれば，新しく専門に設けられた紛争処理制度は頻繁に活用されるはずであるが，新設後２年を経過した現在に至っても，裁判と同様に活用されていない。

このように，新制度ができても，補助金や負担金を伴う事業に関する不服の場合等のように，自治体は，国地方係争処理委員会に審理を委ねることが法律上できない場合も多いのではないだろうか。国地方係争処理委員会の役割や可能性については，国と自治体，ひいては住民も含めて，もっと容易に議論できる制度と場が必要である。現在は，その制度の入り口で足踏みしているといっても過言ではない。

第４節　日田市訴訟が国との紛争に賭ける意義

分権改革により，法制度上は国と自治体の関係は対等となったが，事実上，自治体はまだまだ弱い立場にある。国が一方的に制定した法律のみが優先し，それが，たとえ悪法であったとしても自治体や住民は従わざるを得ないのであろうか。

サテライト日田の事例は，自転車競技法によれば，他都市である別府市の場外車券場を日田市に建設するにあたって，経済産業大臣の許可があれば，建設される側である日田市との協議は必ずしも必要ないというものである[3]。そもそも，素人が考えてみても，この法律の規定には疑問を持つことであろう。今次の分権改革は，自治体を国と対等で自立的な主体として位置づけるために，

(3)　本書第２章第１節参照。

国の関与をできるだけ制限し，もし国が関与する場合にも，そのルールを明確にしておくというものであったはずである。その趣旨から考えても，自転車競技法そのものが，分権改革の法改正で置き忘れられた存在であったといわざるを得ない。

前段でも述べたが，国と自治体の紛争もまた「法的対話」であり，何が住民の幸せなのかをじっくりと議論する必要がある。そして，改めるべきものがあれば，潔く改められなければならない。

国と自治体との紛争処理システムの改革案としては，①簡便で分かりやすい争訟申出制度をつくること（条件緩和・門戸を広げる），②迅速な審理を行うこと，③国とは独立した中立的立場の行政司法専門機関を各地に整備すること，④関与に限定せず国の公権力の行使に関わる不服，法律に関する違法不当の問題提起などについて審理できること，⑤拘束力ある裁定の権限を付与すること等であろう。

今回の日田市訴訟において，裁判所は原告適格や出訴期間といった形式的な入り口の要件で門戸を閉ざすべきではない。

日田市は，「まちづくりを行う主体」の決定について，「法的対話」をするために訴訟提起の英断をしたのである。分権改革後初めての自治体と国との訴訟が，公平，対等な立場で真正面から議論されることを願わずにはいられない。

≪参考文献≫

（摂津訴訟関係）

・木佐茂男「保育所建設に関する国庫負担金と補助金適正化法——摂津訴訟」成田頼明・磯部力編『地方自治判例百選〔第2版〕』（有斐閣，1993年）156頁以下，および，そこに掲げられた文献

（大牟田市訴訟関係）

・鴨野幸雄「地方税法上の非課税措置と憲法92条の「地方自治の本旨」『昭

和55年度重要判例解説』（ジュリスト臨時増刊743号）（有斐閣，1981年）24頁以下

・中里実「自治体の課税権」芦部信喜・高橋和之編『憲法判例百選Ⅱ〔第３版〕』（別冊ジュリスト131号）（有斐閣，1994年）438頁以下

（逗子市池子訴訟関係）

・小幡純子「準用河川管理者である市長による国の工事の差止め」成田頼明・磯部力編『地方自治判例百選〔第２版〕』（有斐閣，1993年）11頁

・原田尚彦「池子訴訟から⑵」法学教室133号56頁

（横浜市の国地方係争処理委員会関係）

・島田恵司「横浜市・勝馬投票券発売税に関する国地方係争の経過と勧告――自治事務への関与の視点から」『自治総研』276号（2001年）22頁以下

第6章　まとめに代えて──「まちづくり権」への挑戦

序

本書では，まず日田市訴訟の分析（第1章，第2章）を行い，「まちづくり権」とは何かを検討し（第3章，第4章），過去の国と自治体との法的紛争（第5章）を検証することで，自治体の「まちづくり権」や地方自治のあり方を考察していった。

これらの考察を通してみると，未だ1審判決も出ていない段階ではあるが，この訴訟が提示する問題の大きさと重要性を感じずにはいられない。

第2章でも述べたように，この訴訟の意義は，国に対し自らの「まちづくり権」を主張したいわば日田市の「挑戦」が，わが国の地方自治のあり方，多くの課題を残した今次の改革に続く第2の分権改革に大きな示唆を与えるであろう。

自治体に「まちづくり権」はあるのか。この訴訟が提起する重要な問題点と，それにより切り開かれる自治体のまちづくりの新たな局面は，一言でいうならば「まちづくり権」という新たな発想から生まれるまちづくりの可能性といえる。それは，「まちづくり権」の発想と，「まちづくり権」で闘うということばに言い表すことができるだろう。

ここでは，本書の締めくくりとして，この2つの語をキーワードに，これからの地方自治，まちづくりの展望について述べていきたい。

第１節　「まちづくり権」の発想

～「地方自治の本旨」をとらえなおす

「まちづくり権」は，地方自治における「自治権」を，住民のもつ幸福追求権（憲法13条），具体的には「自分たちのまちは自分たちでつくる」権利を根拠とするものと捉える。

これは，憲法において統治機構の中に位置づけられている地方自治の保障を，人権保障の観点からも捉えるものである[(1)]。

これまでの地方自治制度は，地方自治を人権的に捉えるという観念はきわめて希薄であったといえるであろう。その意味では，「住民にとって住みよいまちをつくっていく」という地方自治制度の基本的な要素を「権利」であるとする「まちづくり権」の発想は，「地方自治の本旨」を，住民の，より身近な視点から再構成するものといえる。

「まちづくり権」は，これまでの地方自治の考え方をより豊かに一気に開花させるものになるのではないだろうか。

～現場からの「創動（創造・行動）」

また，まちづくりを「権利」として捉えるとき，その思考の過程で，自分たちのまちにとってまちづくりとは何か，まちづくりはどうあるべきかを改めて確認することとなる。

これまでは気づかなかったそのまちの価値を発見することにより，それを守り育てていかなければならないという問題意識が生

---

(1)　本書第３章第３節参照。

まれる。この問題意識は，歴史的遺産や地理的環境，伝統文化などそのまち独自の「実態」，「現場」から生まれるものである。現場からの問題思考は，現状をいかによい方向にもっていくかという現実的な思考にむすびつき，それがまちづくりの具体的な方針，方策へとより実行的な段階へ高まっていく。これまで全国各地で起こった住民や自治体を主体としたさまざまなまちづくり活動の取り組みは，これら問題意識の発揚が発端となり，成果を挙げたものである(2)。

つまり，「まちづくり権」の「発想」により，まちづくりの具体的な活動へとつながっていく現場からの問題思考が芽生える。それは，頭の中にとどまる単なる「想像」ではなく，何らかの具体的な策を創造し，行動に移すいわば「創動」といえる(3)。

このように「まちづくり権」の発想は，「地方自治の本旨」の理論的可能性を広げ，まちを創造し，発展させていく起爆権といえよう。

第2節　「まちづくり権」で闘う

～真の地方自治実現に向けて

地方分権改革により，法制度上では国と地方とは上下関係から対等関係になった。

---

(2)　これらの具体的事例として，田村明『まちづくりの実践』（岩波新書，1999年）43～50頁，75～89頁等参照。

(3)　田村明教授は，まちづくりの実践を，現実問題（開発によって自然が失われるなど）→理念→具体的な行動（反対運動）→「まちづくり」の実践活動という流れで説明する。田村『まちづくりの実践』（前掲注2）41～42頁参照。

しかし，過去の国と地方の紛争や横浜市勝馬投票券発売税問題の検討からわかるように，その対等関係を担保するため新設された国地方係争処理制度も十分機能するとは考えにくいような事実上，財政上の問題が依然として残っている[4]。

今次の改革のように，国が有する権限を地方に委譲するという上からの地方分権には限界があることは想像に難くない。市民革命によって近代社会の基礎が確立されたように，真の地方分権実現には，下からの改革，つまり自治体や住民の分権獲得に向けた主体的な行動が不可欠である。

自治体は，地方自治実現のために，国に対して「自治権」を主張し，自治権が侵害されたといえるような場合には，それを司法手続き,「法的対話」の中で争うことによって勝ち取っていかねばならない。またそれは，自治体のまちづくりの場面においてもあてはまる。自治体は,「自分のまちが自分のまちであるための」まちづくりを強く訴える，つまり「まちづくり権」で闘うことが地方自治獲得，地方分権の理念実現に必要なのである。

～武器としての「まちづくり権」

第3章で述べたように,「まちづくり権」の基礎となるものは，まちのイメージ，まちの実態，それを反映した継続的な行政運営という3要素が一体となった「まちづくりの実態」である。そのような「まちづくりの実態」に重大な影響を及ぼす新たな事態が生じたときに，まちづくりに関する自主決定権，手続的参加権を根拠にまちの保護，維持を主張することも,「まちづくり権」の一内容である[5]。

---

(4)　これらについては，本書第5章参照。

そのまちにとって，何がまちづくりなのか，どのようなまちづくりが必要なのかは，そのまちの地理的，社会的環境によってさまざまである。したがって，「まちづくり権」といっても，まちによって，その内容を形成するものは異なる。つまり，「まちづくり権」とは，それぞれのまちにおける，それぞれのまちづくりの実践の蓄積によって，構築され，そしてそれを主張することによって獲得される権利なのである。

したがって，それぞれの自治体がそれぞれの「闘えるまちづくり権」を創造，構築し，それを積極的に行使，主張していくことが必要である[6]。

～闘う「力」として――自治体の政策形成能力，自治体職員の法務能力

しかし，「まちづくり権」で闘っていくといっても，当然，自治体側にそれを主張しうるだけの「力」が備わっていなければならない。つまり，自治体の政策形成能力，法務能力（ここでの「法務」とは，従来の法制執務・訟務といった狭い法務にとどまらず，自治体の法務を積極的，戦略的にとらえる「政策法務」[7]も含む）が必要と

---

(5) 「まちづくり権」の根拠や内容については，本書第3章参照。

(6) 本書第3章，第4章参照。

(7) 政策法務論は，ここ十年程度で議論が活発になった新しい分野であるが，一般化された定義は確立されていない。「自治体がすでにある法体系をもとに，より地域の行政ニーズに即した自主的な法システムを積極的に設計・運用すること」（木佐茂男編『自治体法務入門〔第2版〕』（ぎょうせい，2000年）283頁），「法を政策実現の手段のための手段ととらえ，政策実現のためにどのような立法や法執行が求められるのかを検討する，実務及び理論における取り組み」（磯崎初仁『分権時

なってくる。その重要な前提として，自治体のしごとを担う自治体職員の法務能力の向上が不可欠である[8]。

～これからのまちづくりと「まちづくり権」

そもそも「まちづくり」とは，よい「まち」を「つくっていく」ことをいう。具体的にいえば，住んでいるすべての人々にとって，生活が安全に守られ，日常生活に支障なく，気持ちよく豊かに暮らせ，緊急時にも対応できる「まち」を，施設などのハード面だけでなく，生活全体のソフトを含めて「つくっていく」ことをいう[9]。つまり，まちづくりとは，「よいまちとしてあるために必要なものをつくっていく」ことであるといえる。

これまで考察してきたことからすると，あるべきまちづくりとは，「まちづくり権の行使であるといえる」まちづくりによって構築，創造していくものであり，また「まちづくり権」で闘っていくことによって獲得していくものであるといえるのではないだろうか。

自治体は規模や地理的環境，歴史的背景，文化，そしてそこに住む人によって，そのすがたはさまざまである。それぞれがそれ

代の政策法務』（地方自治土曜講座ブックレットNo.37）（北海道町村会，1999年）５頁）といったように，論者の立場，アプローチの仕方によってその捉え方や定義に違いがある。しかし，政策法務論は自治体行政，自治体政策という実務に即し，かつ奉仕する学問であるとの点で，共通している。

(8)　推進委も，第一次勧告の中で「地方分権の実を上げるためには，地方公共団体における有能な人材の育成・確保がますます必要になる」と述べている。

(9)　田村『まちづくりの実践』（前掲注２）28頁参照。

ぞれの「まちづくり権」を創造し，それを活用，主張していくことによって，わが国の「まち」はより個性豊かに住みやすいまちになっていくことだろう。つまり，これからのまちづくりは，それぞれの自治体によるそれぞれの**「まちづくり権」への挑戦**にかかっているのである。

おわりに

「負けるが勝ち」。これは，本訴訟の原告たる日田市の市長のことばである。

この訴訟は，九州の観光地として有名な人口6万人ののどかな市が，国に対し，自らの「まちづくりの権利」侵害の違憲性を争うという前代未聞の訴訟である。

このことばには，これまでの国に対する「地方」の存在がどのようなものであったかが反映されているように思える。また，この訴訟は今回の事件の勝ち負けのみを追求したものではなく，たとえ敗訴したとしても，この訴訟を提起したことそれ自体が，わが国における地方自治，まちづくりの将来に大きな影響，意義を与えるであろうという意味が込められているようにも読み取れる。

しかし，この訴訟はまだ始まったばかりである。この訴訟は今後どのような経過をたどり，結末を迎え，そしてどのような印象でもって社会に受け止められるのだろうか。

未知の概念である自治体の「まちづくり権」を私たちなりに構成してきたが，「まちづくり権」の内容は，当然自治体ごとに異なるものであり，それぞれの自治体が自治体の責任において住民と共に決定していくものである。

現時点における日田市訴訟の検討を通して見据えた将来の地方

自治像が，これからどのように発展していくのか，今後も訴訟の経過と共に見守っていきたい。

この訴訟がわが国の地方自治に一石を投じるものとなり，本書が微力ながらもその力添えになることを願いつつ，論を締めくくりたい。

≪参考文献≫

・磯崎初仁『分権時代の政策法務』(地方自治土曜講座ブックレットNo.37)(北海道町村会，1999年)
・木佐茂男『自治体法務入門〔第2版〕』(ぎょうせい，2000年)
・木佐茂男・五十嵐敬喜・保母武彦編『地方分権の本流へ―現場からの政策と法』(日本評論社，1999年)
・小早川光郎編『地方分権と自治体法務～その知恵と力～(分権型社会を創る4)』(ぎょうせい，2000年)
・田村明『まちづくりの実践』(岩波新書，1999年)
・西尾勝編『分権型社会を創る～その歴史と理念と制度～(分権型社会を創る1)』(ぎょうせい，2001年)

〈資料Ⅰ〉

日田市地図

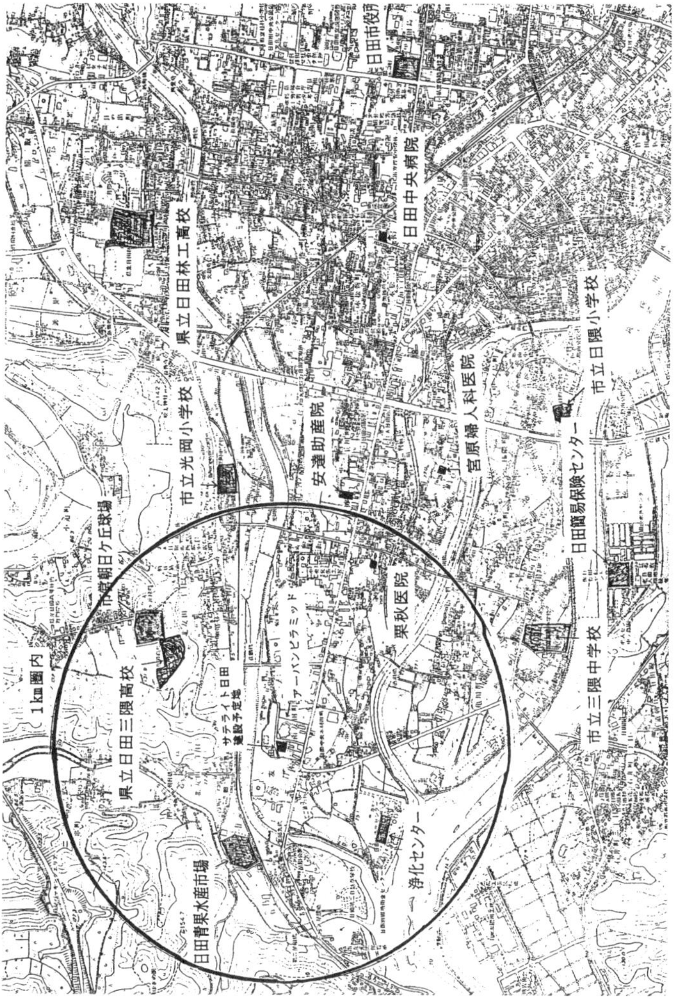
日田市役所
日田中央病院
県立日田林工高校
市立日隈小学校
宮原婦人科医院
安達助産院
市立光岡小学校
市営朝日ケ丘球場
日田簡易保険センター
栗秋医院
アーバンピラミッド
1km圏内
県立日田三隈高校
サテライト日田
建設予定地
市立三隈中学校
浄化センター
日田青果水産市場

〈資料Ⅱ〉

日田市場外車券売場事件の経緯（年表）

〈1993（平成５）年〉

３月26日　大分県知事が建設会社に開発行為を許可。

〈1996（平成８）年〉

６月　建設予定周辺の４自治会が建設会社に設置同意書を提出。

９月30日　建築確認申請に伴い日田市と建設会社が建築協議。日田市は別府競輪の場外車券売場「サテライト日田」の進出を確認。日田市長は反対の立場を表明。

12月18日　日田市内の15団体が，「サテライト日田」設置反対決議書を日田市長に提出。

12月20日　日田市議会本会議で「公営競技の場外券売場の設置に反対する決議」が全員一致で採択される。

〈1997（平成９）年〉

１月13日　通産大臣に「サテライト日田」の設置に反対する要望書を日田市長名で提出。

３月４日　日田土木事務所が建設会社に建築確認を通知。

７月31日　建設会社が九州通産局に設置許可申請書を提出。

８月20日　日田市長が別府市に設置反対を陳情。

８月28日　日田市長が九州通産局に設置反対を陳情。

９月５日　日田市長が通産省機械情報産業局に設置反対を陳情。

９月19日　九州通産局が，通産省機械情報産業局に「サテライト日田」設置許可申請書を進達。

10月２日　日田市教育委員会が「サテライト日田」設置反対の要望書を九州通産局に提出。

10月17日　日田市陳情団12名が別府市に進出断念を依頼。

10月30日　建設予定周辺の４自治会が建設会社に提出していた「サテライト日田」設置の同意・承認書を取り下げる。

11月４日　自治会の同意書の取下げ書を建設会社に送付。

11月５日　九州通産局にも同意書の取下げ書（コピー）を提出。
12月２日　別府市が計画を一時凍結する旨，九州通産局より日田市に連絡がある。
12月５日　「サテライト日田」設置反対女性ネットワークが，別府市に設置をとりやめる要望書を提出。

〈1998（平成10）年〉

１月26日　サテライト日田設置反対連絡会に自治会連合会，女性ネットワークが加盟し加盟団体数が17に達する。
２月10日　日田市・九州通産局協議。
２月16日　日田市・通商産業局機械情報産業局協議。
５月21日　日田市・九州通産局協議。
10月１日　日田市・別府市協議。
＊別府市：「日田市の協議には応じられない。日田市進出のスタンスは変わらない。」
10月20日　日田市・別府市協議。
10月29日　日田市・別府市協議。
11月12日　日田市・九州通産局協議。
＊日田市：日田市の態度及び状況説明・取下げの依頼。
11月13日　日田市・別府市協議。
＊別府市：「別府市長選もあるので慎重に対応したい。」
11月25日　サテライト日田設置反対連絡会報告会。

〈1999（平成11）年〉

１月25日　日田市・九州通産局協議。
＊日田市：日田市の状況説明・別府市への再考依頼。
６月２日　日田市・九州通産局協議。
＊九州通産局：「サテライトの問題も３年になる。競輪事業は国も認めているので日田市も理解して欲しい。反対理由は法的には弱い。日田市，別府市の考え方は対峙しており簡単には解決できない。別府市が取り下げてくれるのがベターである。」
11月22日　日田市・九州通産局協議。

＊九州通産局：「九州通産局としては，本省の判断待ちである。建設会社は強硬であり裁判の可能性があり，本省としても結論を迫られている。本省が意思決定する時は，事前に連絡がある。」

11月30日　日田市・通産省機械情報産業局瀬戸車両課長協議。

＊通産省：「通産省としては，厳しい状況にある。建設会社から裁判等の動きがあれば結論を出さざるを得ない。」

〈2000（平成12）年〉

5月19日　日田市がサテライト日田設置反対連絡会に経過説明。

5月26日　日田市長が日田市議会全員協議会に経過説明及び協力依頼。

〃　日田市・九州通産局協議。

＊九州通産局：「九州通産局としては，本省の許可については一切分からない。本省が意思決定する時は，事前に連絡をお願いする。」

5月31日　設置反対連絡会が5万人署名を行い別府市へ陳情することを協議。

6月1日　日田市・日田警察署協議。

＊日田警察署：「通産，警察庁の通達はあるが，自転車競技法には適用しない。5月29日には，通産省，建設会社が現地調査に来たらしい。今後情報があれば，協力する。」

6月4日　サテライト日田設置反対連絡会が街頭署名を行なう。

6月7日　通産大臣から建設会社に「サテライト日田」の設置許可が出る。

6月12日　日田市長が日田市議会議長が別府市に「サテライト日田」における車券販売に反対する要望書を提出。

＊別府市：市長は応対せず秘書課長，議長が対応し「今市議会の執行部の意見を考慮しながら検討する。」と発言。

6月13日　サテライト日田設置反対連絡会開催。

＊日田市長が経過説明。別府市議会への傍聴を全員一致で承認。

6月14日　サテライト日田設置反対連絡会が別府市議会傍聴。

6月27日　日田市議会が「日田市公営競技の場外券売場設置等による生

	活環境等の保全に関する条例（場外車券売場の設置・発券を規制する条例）」案を可決し，即日公布・施行。
〃	**日田市議会が『地方分権社会における許認可制度の見直しを求める意見書』を全員一致で採択。**
7月3日	**建設会社会長が日田市長を訪問し，設置許可の報告及び挨拶。** ＊日田市長：計画断念を要請。 ＊建設会社会長：「断念するつもりはない。早急に地元同意が得られるよう努力する。発券者は別府市であり，別府市長に日田市の理解を求めるよう進言します。」
7月11日	別府市議会共産党議員団３名が日田市を来訪。
7月18日	サテライト日田設置反対連絡会。 ＊サテライト日田設置反対連絡会：「５万人署名を目標に７月末まで努力する。８月上旬に署名を別府市市長・議長へ持参する。７月18日現在47,949人の署名を集めた。」
7月24日	別府市長が日田市を訪問。 ＊別府市長：「建設会社に設置許可がおりたので正式に挨拶に伺った。車券販売にご理解をいただきたい。」 ＊日田市長：「市民総ぐるみの反対や規制条例制定など，日田市にふさわしくないので，別府市の慎重な対応と計画断念をお願いしたい。」
7月31日	**サテライト日田設置反対署名が50,570人に達する。**
8月3日	サテライト日田設置反対連絡会開催。
8月7日	**別府市長・議長に「サテライト日田」での車券販売中止を求める請願及び署名簿（50,570人分）を提出。**
〃	サテライト日田設置反対連絡会長が日田市長に経過報告。
8月8日	設置反対連絡会代表が日田市議会議長に経過報告。
8月18日	日田市議会各会派代表が別府市議会へ陳情。
〃	建設会社相談役・別府市経済部長がサテライト日田設置連絡会代表に説明会開催の要請を行なう。
8月24日	日田市が通産省車両課長に状況説明・設置反対陳情。
8月27日	日田市の反対団体が市民総決起大会を開催。
8月29日	別府市が12月市議会に「サテライト日田」関連補正予算を提案することを表明。

〃　日田市の市民団体が別府市議会に反対陳情。

9月15日　建設会社が「サテライト日田」現地説明会を開催。

9月25日　別府市議会観光経済委員会が現地視察を行なう。

〃　サテライト日田設置反対連絡会開催。

10月5日　日田市が九州通産局に「サテライト日田」設置許可についての再考依頼文を提出。

10月10日　建設会社相談役が日田商工会議所に説明会の協力を依頼。
＊日田商工会議所：断固反対であり協力できない旨を通告。
10月13日　建設会社が「サテライト日田」現地説明会を開催。

10月24日　別府市報11月号に別府競輪特集（日田市の対応について）が掲載される。

11月7日　日田市が別府市に対し別府市報11月号の別府競輪特集における虚偽掲載について通告書を内容証明郵便で送付。

11月8日　別府市助役が日田市長内容証明郵便の通告書について記者会見。
＊別府市助役：「本日，日田市長から配達証明付内容証明郵便による『通告書』が到達した。別府市としては，『通告書』の内容を検討した上，回答等の要否を含めて適切に処理したいと考えている。」

11月13日　「サテライト日田」設置反対連絡協議会臨時会議。
＊市民総決起大会の実施を決定。

11月27日　「サテライト日田」設置反対市民総決起大会開催。

11月29日　日田市長が，別府市報12月号に訂正記事が掲載されなければ，日田市が別府市を名誉毀損などの理由により提訴すると表明。

〃　別府市が，「サテライト日田」設置関連予算案を市議会に提案することを表明し，市議会に議案を提示。

〃　サテライト日田設置反対連絡会のメンバーが，別府市議会に設置反対を申し入れる。

11月30日　サテライト日田設置反対連絡会開催。
＊別府市議会議員に各団体よりはがき戦術を行なうこと，別府市において抗議行動を行なうことを決定。

12月4日　建設会社起工式。

〃　別府市が，「サテライト日田」関連の特別補正予算案を市議会

	に提出。
12月６日	日田市長が西新宿競輪施設誘致反対の会と意見を交換。
〃	別府市議会において「サテライト日田」問題が取り上げられる。
12月７日	別府市議会において「サテライト日田」関連質疑。
12月９日	**日田市民が別府市でデモ行進を行なう。**
	＊日田市長，設置反対連絡会代表，そして日田市議会議長および議員全員と市民によるデモ行進。
12月12日	**別府市議会観光経済委員会が，「サテライト日田」建設関連の予算について継続審議とする動議を，賛成多数（賛成８，反対１）で可決。**
12月18日	**別府市議会本会議において，「サテライト日田」建設関連の予算について「継続審査」とすることを，賛成多数で可決。**
12月19日	別府市民が通産大臣への寄せ書きを通産省車両課に提出。
12月22日	別府市助役が日田市を訪問し，日田市助役と会談。
	＊日田市：別府市報のサテライト特集記事への訂正要求に何ら返答がない限り，協議できない旨を伝えるが，10分で協議は決裂。

〈2001（平成13）年〉

１月７日	ＴＢＳの番組が「サテライト日田」問題を特集する。
１月10日	別府市助役が，日田市役所を訪問。
１月12日	**日田市が，別府市報11月号の記事の訂正を求める「再通告書」を，別府市宛てに，内容証明郵便で送付。**
〃	別府市競輪事業担当者が，日田市役所と日田商工会議所を訪れ，事務的協議。
１月16日	日本共産党別府市議団が，同党の衆議院議員１氏および大分県議会議員１氏とともに経済産業省車両課長と交渉。
１月18日	日本共産党別府市議団が，別府市長に，「サテライト日田」設置断念を視野に入れつつ日田市との話し合いをすること，日田市が求めている別府市報11月号の記事の訂正について文書で回答すること，発券など「サテライト日田」関連予算を取り下げることを申し入れる。

1月19日　日田市長が日田市議会各派代表者会議において，経済産業省(または法務省)を相手取り，設置許可の取消または無効確認訴訟を提起する考えを明らかにする。

1月22日　別府市競輪事業担当者が，日田市を訪問。
＊サテライト施設や運営内容の説明と，別府市の開く説明会の案内。

1月25日　別府市議会会派代表者会議。

1月29日　別府市議団が，日田市を訪問。

2月1日　別府市議会観光経済委員会が，「サテライト日田」関連予算を可決。

〃　日田市議会が別府市に対する市報訂正訴訟を提起することを全会一致で可決。

2月5日　日田市が別府市に対する市報訂正訴訟を大分地方裁判所に提起。

〃　日田市長が，別府市長，全別府市議会議員，助役，担当部課長などに宛てて，直筆の「直訴状」を記し，送付。

〃　サテライト日田設置反対連絡会の構成団体の一つである「サテライト日田設置反対女性ネットワーク」が，設置阻止を呼びかけるビラを配布。

2月7日　別府市と建設会社が「サテライト日田」設置説明会を開催。

2月8日　別府市議会臨時会において「サテライト日田」設置関連補正予算案が否決される。

2月9日　別府市助役が経済産業省に，観光経済部長が九州経済産業局に経過報告。

2月14日　「サテライト日田」設置関連補正予算案に反対した自民党議員が離党届を提出し，新会派「無所属クラブ」を結成。
＊別府市政に対して是々非々の態度で臨むという意思を表明。

2月20日　日田市長が日田市議会全員協議会に出席し，経済産業大臣に対する無効等確認訴訟の提起を表明。

2月23日　日田市臨時議会が経済産業大臣の設置許可の無効確認と取消しを求める訴訟を起こす議案を全会一致で可決。

3月7日　別府市の市民団体「サテライト日田設置を強行する別府市長に腹が立つ会」が別府市役所を訪れ，設置計画の断念および日田市への謝罪を申し入れる。

3月8日　日田市議会において，日田市長が，21日にも経済産業大臣に対する設置許可無効等確認訴訟を提起する旨を表明。

3月13日　別府市議会において別府市長が「サテライト日田」設置計画をこれまで通り進める意向を示す。

3月15日　「サテライト日田」問題を扱った広報ひた号外が発行される。
＊経済産業大臣に対する設置許可無効確認訴訟の提起を日田市民に説明し，理解を得るためのもの。

3月19日　日田市が経済産業大臣に対する設置許可無効確認訴訟（予備的に取消訴訟）を大分地方裁判所に提起。

4月18日　別府市に対する市報訂正訴訟第1回口頭弁論。

4月22日　ＴＢＳの番組が「サテライト日田」問題を再び特集する。

5月8日　経済産業大臣に対する設置許可無効確認訴訟第1回口頭弁論。

6月5日　別府市長が，サテライト日田設置関連補正予算案を市議会に提出しないことを表明。
＊別府市は設置を断念するというわけではない。

6月19日　別府市に対する市報訂正訴訟第2回口頭弁論。

7月3日　経済産業大臣に対する設置許可無効確認訴訟第2回口頭弁論。

8月8日　日田市が経済産業省に対し設置許可の取消しを要望。

8月28日　別府市に対する市報訂正訴訟第3回口頭弁論。

8月29日　別府市が9月議会に「サテライト日田」関連予算案の提案を見送る。

9月11日　経済産業大臣に対する設置許可無効確認訴訟第3回口頭弁論。

〃　「サテライト日田」設置反対市民懇談会。

10月1日　「広報ひた」10月1日号に「サテライト日田」裁判特集記事を掲載。

11月6日　別府市に対する市報訂正訴訟第4回口頭弁論。

〃　経済産業大臣に対する設置許可無効確認訴訟第3回口頭弁論。

12月18日　別府市に対する市報訂正訴訟第5回口頭弁論。

〈2002（平成14）年〉

1月29日　経済産業大臣に対する設置許可無効確認訴訟第4回口頭弁論。

3月5日　経済産業大臣に対する設置許可無効確認訴訟第5回口頭弁論。

5月21日　経済産業大臣に対する設置許可無効確認訴訟第6回口頭弁論。

≪参考サイト≫

・西新宿競輪施設誘致反対の会「『サテライト日田』経過について」
（http://www.seg.co.jp/hanshaken/zenkoku/hita/hita_keii.htm）
・森捻樹「サテライト日田（別府競輪の場外車券売場）建設問題」
（http://www.h2.dion.ne.jp/~kraft/satellite00a.htm）

〈資料Ⅲ〉

参照条文

憲　法

・13条

すべて国民は，個人として尊重される。生命，自由及び幸福追求に対する国民の権利については，公共の福祉に反しない限り，立法その他の国政の上で，最大限の尊重を必要とする。

・31条

何人も，法律の定める手続によらなければ，その生命若しくは自由を奪はれ，又はその他の刑罰を科せられない。

・84条

あらたに租税を課し，又は現行の租税を変更するには，法律又は法律の定める条件によることを必要とする。

・92条

地方公共団体の組織及び運営に関する事項は，地方自治の本旨に基いて，法律でこれを定める。

・93条

地方公共団体には，法律の定めるところにより，その議事機関として議会を設置する。

2項

地方公共団体の長，その議会の議員及び法律の定めるその他の吏員は，その地方公共団体の住民が，直接これを選挙する。

・94条

地方公共団体は，その財産を管理し，事務を処理し，及び行政を執行する権能を有し，法律の範囲内で条例を制定することができる。

・95条

一の地方公共団体のみに適用される特別法は，法律の定めるところにより，その地方公共団体の住民の投票においてその過半数の同意を得なければ，国会は，これを制定することができない。

＊第8章地方自治は92条から95条まで。

・99条

天皇又は摂政及び国務大臣，国会議員，裁判官その他の公務員は，この憲法を尊重し擁護する義務を負ふ。

地方自治法

・1条の2

地方公共団体は，住民の福祉の増進を図ることを基本として，地域における行政を自主的かつ総合的に実施する役割を広く担うものとする。

2項

国は，前項の規定の趣旨を達成するため，国においては国際社会における国家としての存立にかかわる事務，全国的に統一して定めることが望ましい国民の諸活動若しくは地方自治に関する基本的な準則に関する事務又は全国的な規模で若しくは全国的な視点に立つて行わなければならない施策及び事業の実施その他の国が本来果たすべき役割を重点的に担い，住民に身近な行政はできる限り地方公共団体にゆだねることを基本として，地方公共団体との間で適切に役割を分担するとともに，地方公共団体に関する制度の策定及び施策の実施に当たつて，地方公共団体の自主性及び自立性が十分に発揮されるようにしなければならない。

・2条

2項

普通地方公共団体は，地域における事務及びその他の事務で法律又はこれに基づく政令により処理することとされるものを処理する。

11項

地方公共団体に関する法令の規定は，地方自治の本旨に基づき，かつ，国と地方公共団体との適切な役割分担を踏まえたものでなければならない。

12項

地方公共団体に関する法令の規定は，地方自治の本旨に基づいて，かつ，国と地方公共団体との適切な役割分担を踏まえて，これを解釈し，及び運用するようにしなければならない。この場合において，特別地方公共団体に関する法令の規定は，この法律に定める特別地方公共団体の特性にも照応するように，これを解釈し，及び運用しなければならない。

13項

法律又はこれに基づく政令により地方公共団体が処理することとされる

事務が自治事務である場合においては，国は，地方公共団体が地域の特性に応じて当該事務を処理することができるよう特に配慮しなければならない。

・96条

普通地方公共団体の議会は，次に掲げる事件を議決しなければならない。

12号

普通地方公共団体がその当事者である審査請求その他の不服申立て，訴えの提起，和解，斡旋，調停及び仲裁に関すること。

・154条

普通地方公共団体の長は，その補助機関たる職員を指揮監督する。

地方分権推進法

・２条

地方分権の推進は，国と地方公共団体とが共通の目的である国民福祉の増進に向かって相互に協力する関係にあることを踏まえつつ，各般の行政を展開する上で国及び地方公共団体が分担すべき役割を明確にし，地方公共団体の自主性及び自立性を高め，個性豊かで活力に満ちた地域社会の実現を図ることを基本として行われるものとする。

・３条

国は，前条に定める地方分権の推進に関する基本理念にのっとり，地方分権の推進に関する施策を総合的に策定し，及びこれを実施する責務を有する。

２項

地方公共団体は，国の地方分権の推進に関する施策の推進に呼応し，及び並行して，その行政運営の改善及び充実に係る施策を推進する責務を有する。

３項

国及び地方公共団体は，地方分権の推進に伴い，国及び地方公共団体を通じた行政の簡素化及び効率化を推進する責務を有する。

地方公務員法

・６条

１項

地方公共団体の長，議会の議長，選挙管理委員会，代表監査委員，教育委員会，人事委員会及び公平委員会並びに警視総監，道府県警察本部長，市町村の消防長（特別区が連合して維持する消防の消防長も含む。）その他法令又は条例に基づく任命権者は，法律の特別の定めがある場合を除くほか，この法律並びにこれに基づく条例，地方公共団体の規則及び地方公共団体の機関を定める規定に従い，それぞれ職員の任命，休職，免職及び懲戒等を行う権限を有するものとする。

2項

前項の任命権者は，同項に規定する権限の一部をその補助機関たる上級の地方公務員に委任することができる。

自転車競技法

・1条

都道府県及び人口，財政等を勘案して総務大臣が指定する市町村（以下指定市町村という。）は，自転車その他の機械の改良及び輸出の振興，機械工業の合理化並びに体育事業その他の公益の増進を目的とする事業の振興に寄与するとともに，地方財政の健全化を図るため，この法律により，自転車競走を行うことができる。

・2条

競輪施行者が，競輪を開催しようとするときは，経済産業省令の定めるところにより，経済産業局長及び都道府県知事を経由して，経済産業大臣に届け出なければならない。

・3条

競輪施行者が，競輪を開催しようとするときは，経済産業省令の定めるところにより，経済産業局長及び都道府県知事を経由して，経済産業大臣に届け出なければならない。

2項

経済産業大臣は，前項の許可をしようとするときは，あらかじめ，関係都道府県知事の意見を聞かなければならない。

3項

都道府県知事は，前項の意見を述べようとするときは，あらかじめ，公聴会を開いて，利害関係人の意見を聴かなければならない。

4項

経済産業大臣は，第1項の許可の申請があつたときは，申請に係る競走場の位置，構造及び設備が経済産業省令で定める公安上及び競幹の運営上の基準に適合する場合に限り，その許可をすることができる。

5項

競輪は，第1項の許可を受けて設置され又は移転された競走場（以下競輪場という。）で行われなければならない。但し，経済産業大臣の許可を受けたときは，道路を利用して行うことができる。

6項

経済産業大臣は，必要があると認めるときは，第1項の許可に期限又は条件を附することができる。

7項

経済産業大臣は，競輪場の設置者が1年以上引き続きその競輪場を競輪の用に供しなかつたときは，第1項の許可を取り消すことができる。

8項

競輪場の設置者について相続，合併若しくは分割（当該競輪場を承継させるものに限る。）があり，又は競輪場の譲渡しがあつたときは，相続人，合併後存続する法人若しくは合併により設立した法人若しくは分割により当該競輪場を承継した法人又は競輪場を譲り受けた者は，当該競輪場の設置者の地位を承継する。

9項

前項の規定により競輪場の設置者の地位を承継した者は，遅滞なく，その旨を経済産業大臣に届け出なければならない。

・4条

車券の発売又は第9条の規定による払戻金若しくは第9条の3の規定による返還金の交付（以下車券の発売等という。）の用に供する施設を競輪場外に設置しようとする者は，経済産業省令の定めるところにより，経済産業大臣の許可を受けなければならない。当該許可を受けて設置された施設を移転しようとするときも，同様とする。

2項

経済産業大臣は，前項の許可の申請があつたときは，申請に係る施設の位置，構造及び設備が経済産業省令で定める基準に適合する場合に限り，その許可をすることができる。

・11条

競論施行者は，その行なう競輪の収益をもつて，自転車その他の機械の改良及び機械工業の合理化並びに社会福祉の増進，医療の普及，教育文化の発展，体育の振興その他住民の福祉の増進を図るための施策を行なうのに必要な経費の財源に充てるよう努めるものとする。

自転車競技法施行規則

・4条の3第1項

法第四条第二項の経済産業省令で定める基準（払戻金又は返還金の交付のみの用に供する施設の基準を除く。）は，次のとおりとする。

1号

学校その他の文教施設及び病院その他の医療施設から相当の距離を有し，文教上又は保健衛生上著しい支障をきたすおそれがないこと。

2号

施設は，入場者数及び必要な設備に応じた適当な広さであること。

3号

車券の発売等の公正かつ円滑な実施に必要な次の構造，施設及び設備を有すること。

イ　車券の発売等の用に供する施設及び設備

ロ　入場者の用に供する施設及び設備

ハ　その他管理運営に必要な施設及び設備

ニ　外部とのしゃ断に必要な構造

4号

施設の規模，構造及び設備並びにこれらの配置は，入場者の利便及び車券の発売等の公正な運営のため適切なものであり，かつ，周辺環境と調和したものであつて，告示で定める基準に適合するものであること。

行政事件訴訟法

・9条

処分の取消しの訴え及び裁決の取消しの訴え（以下「取消訴訟」という。）は，当該処分又は裁決の取消しを求めるにつき法律上の利益を有する者（処分又は裁決の効果が期間の経過その他の理由によりなくなつた後においてもなお処分又は裁決の取消しによつて回復すべき法律上の利益を有する者を含む。）に限り，提起することができる。

〈資料Ⅲ〉 参 照 条 文

・14条

取消訴訟は，処分又は裁決があつたことを知つた日から三箇月以内に提起しなければならない。

2 項

前項の期間は，不変期間とする。

3 項

取消訴訟は，処分又は裁決の日から一年を経過したときは，提起することができない。ただし，正当な理由があるときは，この限りでない。

4 項

第一項及び前項の期間は，処分又は裁決につき審査請求をすることができる場合又は行政庁が誤つて審査請求をすることができる旨を教示した場合において，審査請求があつたときは，その審査請求をした者については，これに対する裁決があつたことを知つた日又は裁決の日から起算する。

・36条

無効等確認の訴えは，当該処分又は裁決に続く処分により損害を受ける恐れのある者その他当該処分又は裁決の無効等の確認を求めるにつき法律上の利益を有する者で，当該処分若しくは裁決の存否又はその効力の有無を前提とする現在の法律関係に関する訴えによつて目的を達することができないものに限り，提起することができる。

〈資料Ⅳ〉

日田市広報

広報ひた
号外 2001年(平成13年) 3月15日発行
「サテライト日田」設置反対
「サテライト日田」設置反対
号外
『サテライト日田』設置反対を別府市民に訴える（昨年12月9日）

本研究報告書作成にご協力いただいた方々

（2002年３月現在）

協力者（敬称略）

日田市長	大石昭忠
日田市経済部商工労政課長	日野和則
日田市総務部総務課長	長澤義二郎
日田市総務部企画課企画調整係長	黒木一彦
日田市総務部総務課行政係主査	梅野俊哉
日田市総務部企画課企画調整係主任	五藤和彦
	日田市内商店関係者

資料提供者（敬称略）

弁護士	寺井一弘
弁護士	古口　章
弁護士	中野麻美
弁護士	藤井範弘
弁護士	桑原郁朗
弁護士	木田秋津
湯布院町役場総合政策局主査	古長誠之
大分大学教育福祉科学部助教授	森　稔樹

撮影者明示のものを除き，大部分の写真は日田市提供。

2001年度行政演習（木佐茂男ゼミ）生名簿

学部３年	稲永麻子	小田達也	木藪智幸
	田村貴幸	都留能高	水清田俊介
	森岡朋子		

学部４年	上野聡美	大森絵美	澤田鉄郎
	三好智久		

オブザーバー　中井陽一郎（元・木佐ゼミ）

修士(フレックスコース)

塩川秀敏（福岡県宮田町教育委員，公職多数，自治体学会会員）

田中富恵（熊本市役所職員，自治体学会会員）

三宅まゆみ（北九州市議会議員）

演習担当教員　木佐茂男

計16名による

〔編者紹介〕

木 佐 茂 男（きさ・しげお）

1950年　島根県に生まれる

現　在　九州大学大学院法学研究院教授

〔主な著書〕

『地方自治法の論点』（共著）（有斐閣，1982年），『人間の尊厳と司法権』（日本評論社，1990年），『環境行政判例の総合的研究』（共編著）（北海道大学図書刊行会，1995年），『ドイツの自治体連合組織』（北海道市町村振興協会，1995年），『自治体法務とは何か』（北海道町村会，1996年），『豊かさを生む地方自治――ドイツを歩いて考える』（日本評論社，1996年），『分権改革の法制度設計』（自治総研ブックレット54）（地方自治総合研究所，1997年），『地方自治の世界的潮流――20カ国からの報告（上・下）』（監訳）（信山社，1997年），『自由のない日本の裁判官』（共編）（日本評論社，1998年），『自治立法の理論と手法』（編著）（ぎょうせい，1998年），『市民としての裁判官――記録映画「日独裁判官物語」を読む』（監修）（日本評論社，1999年），『地方分権の本流へ――現場からの政策と法』（共編）（日本評論社，1999年），『住民監査請求・住民訴訟 だれに責任があるのか――討論「自治体政策法務 vs. 市民オンブズ」！』（共編）（公人社，1999年），『テキストブック現代司法（第４版）』（共著）（日本評論社，2000年），『自治体法務入門（第２版）』（編著）（ぎょうせい，2000年），『地方分権改革』（共著）（法律文化社，2000年），『地方分権と司法分権』（編著）（日本評論社，2001年），Rainer Pitschas/Shigeo Kisa (hrsg.), Internationalisierung von Staats und Verfassung im Spiegel des deutschen und japanischen Staats-und Verwaltungsrechts, Berlin, Duncker & Humblodt, 2002（共編）

〈まちづくり権〉への挑戦
――日田市場外車券売場訴訟を追う――

2002年（平成14年）６月25日　第１版第１刷発行

編　著　木　佐　茂　男
発行者　今　井　　貴
　　　　渡　辺　左　近
発行所　信　山　社　出　版

〒113-0033 東京都文京区本郷6-2-9-102
TEL 03（3818）1019
FAX 03（3818）0344

Printed in Japan

印刷・製本／松澤印刷・大三製本

ISBN 4-7972-2230-1 C3332